街角の昭和遺産

河畑悠

彩図社

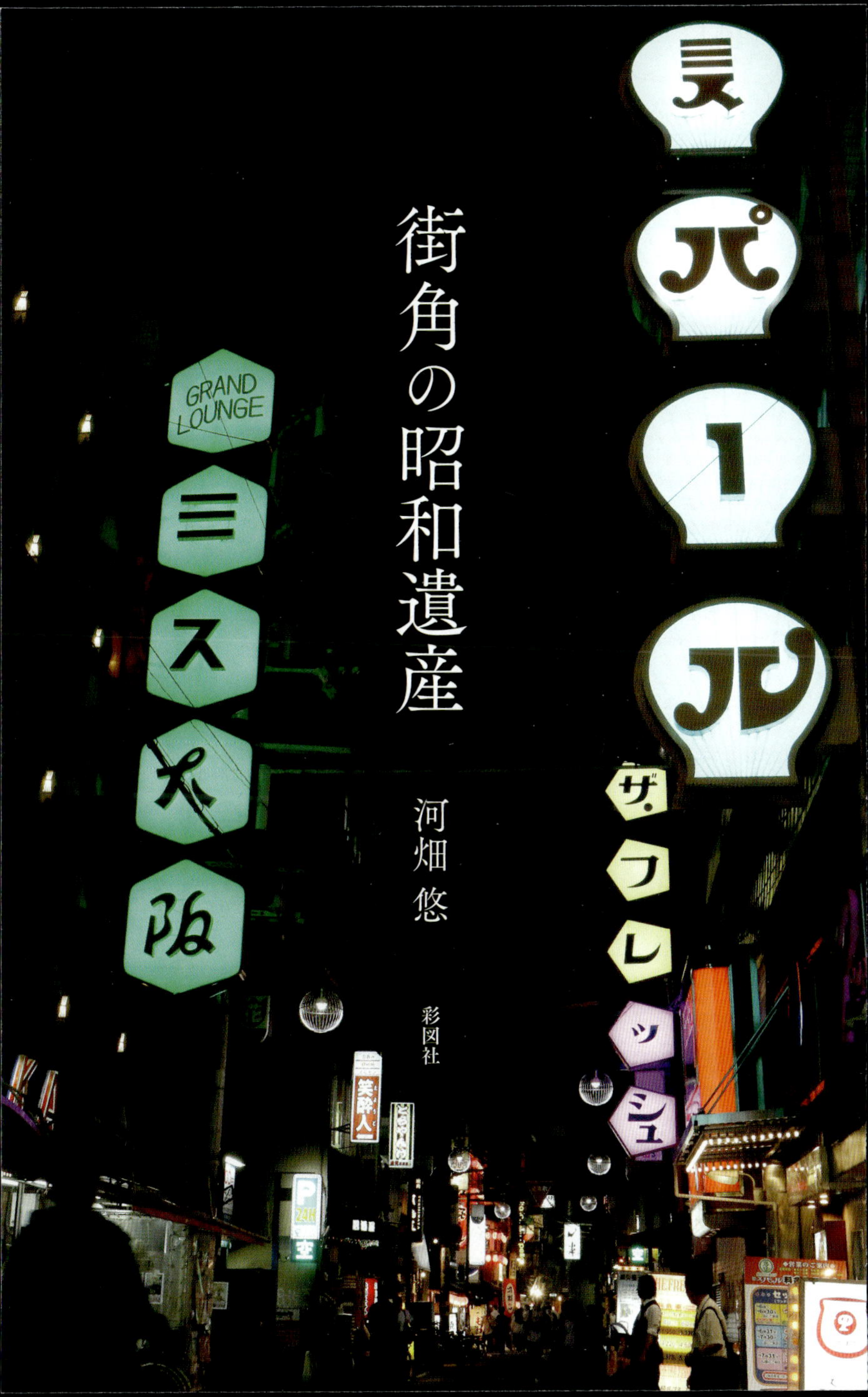

なつかしの屋上遊園地を川越に訪ねた（→ 15 ページ「第 1 章　屋上遊園地」）

自家栽培の野菜や手作りのお惣菜が所狭しと並ぶ（→ 33 ページ「第２章　野菜の行商」）

新橋駅前でこの道 50 年の職人に遭遇（→ 47 ページ「第３章　靴磨き」）

のれんを潜ると出汁の香りが鼻腔をくすぐる（→63ページ「第4章　おでん屋台」）

色とりどりのお菓子や玩具が所狭しと並ぶ（→83ページ「第5章　駄菓子屋」）

キャバクラやスナックとは違う、唯一無二の大人の世界（→ 99 ページ「第6章　キャバレー」）

陽気なリズムと音色が街を賑わす（→ 117 ページ「第７章　ちんどん屋」）

巨大な氷の塊が小気味よく切り分けられていく（→ 133 ページ「第８章　氷屋」）

静寂の中でコーヒーと音楽を愉しむ（→ 149 ページ「第 9 章　名曲喫茶」）

ひっそりと街角に佇む〝頼れる存在〟（→ 163 ページ「第 10 章　質屋」）

浅草ロック座が目指すのはエロとアートの融合（→ 179 ページ「第 11 章　ストリップ劇場」）

街角の昭和遺産

河畑 悠

彩図社

はじめに

スーツを着たサラリーマンが2人、暗い路上の片隅の屋台でおでんをつまみに酒を飲んでいる。ひとりは仕事の愚痴をこぼしながら酔いつぶれ、もうひとりは相槌を打ちながらコップ酒を口に運ぶ。正面には、そんな話は聞こえていないかのように黙々とおでん鍋をかきまわす大将。やがて夜は更けて、ひとりが酔いつぶれたタイミングで2人は屋台を去っていく――。

映画ではいまでもときおり見かけるシーンだが、おそらく現在のリアルな東京で、こうした昭和の香り漂う屋台を見ることはほとんどないだろう。屋台だけじゃない。おばあちゃんが店の奥に鎮座している駄菓子屋も、デパートの買い物に疲れたときにぶらりと寄れる屋上の遊園地も、ネオン輝くキャバレーも、みんないまや、絶滅危惧種に指定された野生動物のごとく見かけない。絶滅危惧種ならぬ〝絶滅危惧職〟である。

本書は、こうしたいまではあまり見かけなくなった職業を、一件一件取材してまわった記録である。元号が変更される2019年5月まで半年をきり、もはや昭和はおろか平成ですらなくなりつつあるけれど、そんななかで消えつつある「昭和遺産」とそこに従事するひとたちのもとを訪れ、それぞれの「いま」の話を聞いた。

一応東京を中心にしているが、関西の事例もあれば東北もある。キャバレーのように組織としての話もあれば、靴磨きや行商のおばあちゃんのような個人の話もある。こうして改めて振り返ってみると、シゴトのスタイルもスケールもバラバラで統一感というものはあまり感じられないけれど、そのぶんバラエティに富んだラインアップとなっているのではないかと思う。

本書で取り上げているひとや店は、言うまでもないが、その分野の中のほんのひとつの事例でしかない。まったく異なったやり方で成功しているケースもあるはずだし、ぜんぜん違う問題を抱えている場合もあるだろう。だから「これを読めばその業界のすべてが分かる」といったことではもちろん、ない。ただ、そこに時代の流れに淘汰されることなくサバイブしてきた、そのシゴトの魅力の一端をのぞくことはできるかもしれない。

これからはじまる文章が読者の好奇心を刺激し、〝絶滅危惧職〟たちへの興味を惹くことで絶滅へのカウントダウンを少しでも遅らせることができればうれしい。

【街角の昭和遺産　目次】

maruhiro

本書に登場する営業日や営業時間、住所などの店舗データ、
価格、人物の年齢などはすべて取材時のものです。

第１章

屋上遊園地

［DATA］
名　称：わんぱくランド
住　所：埼玉県川越市新富町2‐6‐1丸広百貨店川越店7階
営業時間：10時～19時（屋上コーナーは17時まで）
定休日：丸広百貨店に準じる

休日の昼下がり、多くの人が行き交う商店街をのんびり歩いていると、突然視界の上方に観覧車のような物体が飛び込んでくる。

なんだろう？　と目を凝らして見てみるが、どう見ても観覧車だ。

だが、ここはお台場やみなとみらいではない。川越駅から徒歩5分の、遊園地とはほど遠い、地元の人が往来するどこにでもある商店街である。

いったいなんでこんなところに……と近づいてみると、そこにあるのは遊園地ではなく、百貨店だった。

エレベーターを待つのももどかしく、エスカレーターで急ぎ屋上までのぼり、一歩足を踏み入れる。

目の前には、ゆっくりと回るカラフルな観覧車、ひとり乗りのコックピットが上下運動しながら旋回するエアプレーン、ガタガタと揺れながら園内を一周するモノレール……いまではあまり見ることのない、レトロな雰囲気をまとった遊具たちが鎮座ましましている——そう、ここは屋上遊園地。

百貨店の屋上にある遊園地だったのだ。

昭和43年創業！　地域密着の〝老舗〟遊園地

今この本を手にしているあなたがいったいどのような年齢層に属しているのかは残念ながら知りようもないが、もしもあなたが30代以上の紳士淑女（かどうかは知らないが）なら、親に連れられ、百貨店の屋上のその魅惑の空間に足を踏み入れた経験がある方も多いのではないだろうか。

オトナにとっては百貨店とは今も昔も買い物の場に他ならないが、子どもにとってかつてそこは、親のつまらない買い物に付き合わされるという〝苦行〟の先にあるワンダーランドだったのである。たぶん今でも「屋上遊園地」という単語を聞くと、懐かしさのあまり遠い目をして「ああ……」と思わずつぶやいてしまう人もいるのではないでしょうか。

だが、かつて隆盛を誇っていた屋上遊園地は、現在では関東圏にはほとんど存在しない。都内では、渋谷の東急百貨店などわずかながらに存在していたが、それもなくなり、ほぼ全滅状態。今となっては、わずかに蒲田の東急プラザ屋上に観覧車があるぐらいで、

川越駅そばの商店街。目線を上にやると、ひときわ目立つ建物が丸広百貨店川越店だ。

かつて愛された〝都会のオアシス〟はすっかり姿を消してしまったのである。

だがそうした状況下でも、地元民に支えられながら今なお健在な屋上遊園地もわずかながら存在する。

今回訪れた川越の「丸広百貨店」の屋上遊園地もそうしたひとつで、昭和43年に創業して以来、50年近くにわたって地域の人々を楽しませてきた〝老舗〟遊園地だ。

丸広百貨店川越店をはじめ、屋上遊園地を長年にわたって運営し続けてきたバンダイナムコアミューズメント営業推進部の石井学さんによれば、記憶にある中でのその最盛期は1970年代で、そのころは同社だけでも全国で10店舗強、関東圏でも6店舗ほどの百貨店で運営していたという。とはいえそれも、今では関東圏でわずか2店のみ。ピークの頃と比べると、あまりに寂しい数字となっている。

衰退の理由はひと口には言えないが、石井さんによれば、ひとつには〝屋上〟という特徴が影響しているという。

たとえば雨の日にはどうしたって閉鎖せざるを得ないし、容赦ない日射しが注ぐ真夏には、やはり動員も減る。そのため百貨店側でも、だんだんと天候に左右されない屋内型のアミューズメント施設を志向するようになり、屋上遊園地はやがて、大型ショッピ

丸広百貨店「わんぱくランド」のシンボル的存在の観覧車。
遠くからでも一発でそれと分かるので、初めて行くときの目印にもなる。

ングセンターの建設ラッシュの波に乗って増殖を始めた屋内型アミューズメント施設の後塵を拝するようになる。新たに設置される機会は奪われ、運営中の施設も百貨店のリニューアルのタイミングで閉鎖を余儀なくされ……と、その存在意義を問われ始めた屋上遊園地は次第に姿を消し始めていく。

屋上という、ほとんど最大の武器が逆に自らの首を絞めることになったというのは皮肉といえば皮肉な話だが、遊具の老朽化や消防法の問題などもろもろ解決すべき課題も多く、百貨店側としてもコストパフォーマンスを考えると屋内型へのシフトはやむを得ない選択だったのだ。

「地元の愛着が大きいんです」

そのように屋内志向が強まる中、では、どうしてここ丸広百貨店ではいまだに（と言ったら失礼だが）屋上遊園地がたくましく健在なのかというと、そこには近隣に住む人々の熱い思いが少なからず影響している、という。

石井さんの弁によれば「地元の愛着がすごく大きいんです」とのことで、地元の支持を得ている百貨店だけあって、中には3世代にわたって利用するお客さんもいたりする。実際、孫を連れたおばあさんが遊びにくる、なんてこともここ丸広百貨店では珍しくないという。「祖父の代から贔屓にしている」というフレーズが使われるのは、なにも老舗の和菓子屋や呉服店だけではないのだ。

本筋からはやや脱線するが少々付け加えると、バンダイナムコアミューズメントが屋上遊園地を運営するそもそもの始まりは、まだ屋上に「電動木馬」を置く事業を営んでいたころ、当時（同社の前身である中村製作所）の社長が百貨店サイドに屋上遊園地を作る企画を提案したことが発端となっている。それがのちに実を結び、現在の同社の屋上遊園地の形ができあがったということだ。

屋上遊園地を体験

ひとしきりお話をうかがってから、屋上遊園地の世界を体験すべく園内に足を踏み入れてみる。

ここ丸広百貨店は、埼玉県川越市・本川越駅から徒歩5分ほどの商店街の中に位置する老舗の百貨店で、川越店だけではなく飯能店、入間店、東松山店……と埼玉県内で複数の店舗があるうちの一店だが、屋上遊園地が存在するのは川越店のみで、現在は7階フロアで「わんぱくランド」というネーミングで運営されている。

この日は8月上旬の夏真っ盛りで外気温が36度を超すという猛烈な暑さだったためか、園内に人影は少なかったが、それでも女子大生と思しきグループがワイワイと楽しそうに遊んでいたりしてなかなかに興味深い。年配層にはノスタルジーを喚起させる遊具たちも、若年層には新鮮に映るということだろうか。もしかしたら1周どころか50周ぐらいまわって、そのうち最新のエンタメ・スポットとして脚光を浴びる日が……くるかどうかは分からないが。

園内は広々としていて、屋上ならではの開放感が存分に味わえて気持ちがいい。これはやはり屋外ならではの醍醐味だ。

全体の広さはサッカーグラウンドには満たないけど、バスケットコートよりは余裕があるかな、という感じ。

屋上に上がると、開放感の溢れる遊園地が広がっていた。
園内には小さな子どもが喜びそうな乗り物がたくさんある。

目立つのは、まず遊園地のアイコンでもある観覧車、それにモノレールと飛行機の遊具だ。これがいわゆる〝3本柱〟で、そこに子供用のボールプールや、「アンパンマン」などのデザインが施されたカートなども抜かりなく設置されている。乗り物はほとんどが1回300円とお財布に優しいのもありがたい。

どれも興味深いが、もしあなたが屋上遊園地初体験なら、おそらくはじめは王道の観覧車から試してみようとするはずだ。

赤、オレンジ、緑などカラフルに彩色された8機のゴンドラがくるくる回っている観覧車はいつの時代も遊園地の総大将だ。園内の端っこに悠然と君臨しており、乗客が〝下界〟を眺めるには絶好のポジションである。

スタッフに案内されて乗り込むと、ゴンドラはゆっくりと上昇し始める。

窓（というのかどうか）からは、さっきここへくる中で歩いてきた商店街がみえ、駅がみえ、川越の街の全景がみえる。周辺にはあまり高いビルや施設がないため見晴らしは上々だ。天気がよければ、もしかすると遠くの山々まで見渡せるかもしれない。思わずスマホを取り出して「自撮り」したくなるが、ゴンドラの中は狭いので構図を決めるのが案外難しい。そうこうしているうちにゴンドラはゆっくりと地上へ向かい、約5分

遊園地といえば観覧車。高度はイマイチだけど、百貨店の高さを計算に入れると
実は結構高い……？　「かんらんしゃ」とひらがなで書かれているのもいい塩梅だ。

の空中遊覧は終わりを告げる。

石井さんによると、現在でも観覧車はやはり屋上遊園地の中では〝目玉〟の遊具で、代名詞のような存在だそうだ。

現在稼働している型が導入されたのは1989年ということだから、およそ30年近くにわたって使用されているわけだが、今も現役のベテラン選手として活躍している。

外面部分を塗り直すことはあっても、基本的には元の型のまま。それでも、長年の丁寧なメンテナンスによってくるくると元気に回っており、今日も「地元の人が観覧車に乗りたいね、と言ったら『お台場かここか』みたいな感じです（笑）」と地元民の熱いニーズに応え続けている。

スリリングなモノレール

さて、観覧車を出たら、次に向かうのはエアプレーンかモノレールだ。

エアプレーンは一人乗りで、大人が乗り込むと少々窮屈に感じられるが、こじんまりとしたコックピット感覚がなんとも楽しい。エアプレーンとは、乗ったことのある方はご存知だろうが、要するに中央の支柱のまわりをぐるぐると回る乗り物のこと。つまりは半永久的に「ぐるぐる回っているだけ」なのだが、結構な速度で回転するので思った以上にスリリングだし、手元のレバーで機体を上下に動かすことができるのも飛行士か何かになったような感覚が味わえて歳を忘れて興奮する。思わずノリノリで『トップガン』のテーマなんかを口ずさんでしまったりして。

だが、この園内でもっともスリリングな乗り物は、実はモノレールではないだろうか。電車ふうの乗り物にのり、園内の中空に設置されたレールの上をガタゴトガタゴトと一周するのだが、これが絶妙なバランスで成り立っており、カーブでは左右に大きく(乗っているときはそう感じられた)傾くので正直、結構怖い……。もちろん安全だとは分かっているけれど、それでも乗っている間はかなり肝を冷やすことになる(はずだ)。自分も撮影用に一眼レフを持ち込んでいたのだが、恥ずかしながら取り出す余裕はまったくなく、両脇の手すりをつかんでいるので精一杯……。うーむ、子ども向けだと思っていたけれどなかなか侮れないですね。

そんな心躍るひと時を過ごしたら、あとは備え付けのベンチで休むのもいいし、隅の喫煙所で一服するのもいい。夏場なら、夜は遊園地の奥にビアガーデンもオープンしているので、カップルで行って彼女と「楽しかったねえ」などと感想で盛り上がりながらビールで乾杯、なんて大人なデートコースだってある。もちろん、百貨店でのんびりショッピングを楽しみながら帰るのもありだ（そもそも本来はそういう目的で作られていたのではなかったか）。ひと口に屋上遊園地といっても、その楽しみ方は意外に多彩なのだ。

地上数十メートルの楽園

百貨店が家族連れの行楽の場としての機能を失って久しいこの時代、屋上遊園地は減ることはあっても決して増えることはない運命にあり、今ではほとんど天然記念物のような存在になりつつある。

そりゃ富士急ハイランドやUSJなんかに比べれば設備はチープだし、流行りの絶叫マシンもなければ、恐怖のあまり彼女がしがみついてくるようなお化け屋敷もない（モノレールは怖いけど）。ディズニーランドの年間パスポートを買う人はいても、屋上遊園

中央を支点にひたすらくるくる回るエアプレーン。大人になっても楽しさは変わらない。

戦慄のモノレール。屋上遊園地界のダークホース的存在である。

地に毎週遊びにいく、という人は（たぶん）いないはずだ。遠方からわざわざ訪れる人なんて、おそらく一部の珍スポマニアぐらいだろう。

だが、よくよく考えてみれば衰退したのはあくまで運営するうえでの便宜上の問題であり、屋上遊園地そのものがもつ魅力が色あせてしまったわけではない。

単なるノスタルジーや懐古趣味と言われればそれまでだけど、あの一歩足を踏み入れたときに感じる開放感。ミニチュアのようなレイアウトや親しみすら覚えるレトロな遊具が放つ、まるで温泉地のようなとことん弛緩できるリラックス感覚。

それは最先端の遊園地では決して味わうことのできない快楽だ。

お子様たちだけを楽しませておくのはもったいない、オトナが、ほんのつかの間でも現実を忘れることのできる、庶民のための都会のリゾート地。屋上遊園地とは、地上わずか数十メートルに漂う楽園なのだ。

第2章

野菜の行商

〔DATA〕

名　称：不明

住　所：JR大塚駅　北口ロータリー前

営業時間：7時〜10時（商品がなくなり次第終了）

営 業 日：毎週水、金

東京のJR大塚駅前、朝7時。北口を出てすぐ右手の、3人も座ればいっぱいになるようなわずかなスペースを目指して週に2日、その人はやってくる。背中を丸め、たくさんの野菜が詰まったカゴを乗せたカートを押して。

間もなく野菜が陳列されるはずのスペースには、すでに気の早い常連客が待ち構えている。よっこらしょと荷物を下ろし、開店準備を始めるその人の背中に、さっそく声がかかる。

「ナスふたつ！」「トマトある？」

今年85歳を数えるその人は、岩井静《しず》さん。

今では都内で見かけることがめっきり少なくなった、この道60年の「野菜の行商人」だ。

新鮮野菜からまんじゅうまで

岩井さんの〝お店〟がオープンするのは、水曜日と金曜日の週2日で、娘の文子さんと2人で（ときに常連客も交じり）40分近く時間をかけて品物を並べる。

そうして朝の7時から10時ごろまで、売り場にはトマト、きゅうり、いんげん豆、ほうれん草、枝豆、小松菜、大根菜、ししとう、ナス、ブロッコリーなどの季節の野菜から、餅、そして知り合いの業者から仕入れるママカリやまんじゅうまで幅広い商品がずらりと並ぶことになる。

商品はほとんどが岩井さんが自分の手でこしらえる。

野菜はみな、千葉県にある自分の畑で栽培して前日に収穫したもので、餅も自分でついたものだ。これだけ多くの売り物を、岩井さんは早朝3時半に起き、5時に千葉県印西市の自宅を出て、電車で約1時間半かけて運んでくるのである。

岩井さんが行商を始めたのは、今から60年前（！）のことだ。

農家に嫁入りした当時25歳だった岩井さんは、当初は大塚駅から都電荒川線に乗り、新庚申塚で売り歩いていたが、朝のラッシュで都電に乗れず、駅で待つ日々が続く。

そんな毎日を送るなかで、いつの間にか「ここで売るようになっちまったんだよう」。一軒一軒、訪問して売り歩くのは、「今はどこでも立派な家になっちゃったでしょ、だから入りづらい。相手もせっかくきたからいっぱい買わなきゃ、と思ってしまう」とのことで、気を遣う。そうした苦労もあって、大塚駅前に根を下ろす現在の形に変更。大塚

大塚駅北口を出てすぐ脇のスペースが岩井さんの「店」。
自ら栽培した野菜類などが所せましと並べられている。

駅から新庚申塚駅まで都電の往復運賃が25円の時代だったという。

なにしろ60年前だから、娘の文子さんがまだ赤ん坊のころで、「初めてきたときは、(周囲は)田んぼ、畑だったよ」。家を直接訪ねて売り歩いていたときは、もちろん玄関先で断られることも多いから、「どれだけ泣いたかしらないよ。断られれば泣くし」と当時の苦労を明かす。はじめのころは「やめたい」と思ったこともあったという。

かように厳しい商売なので、行商仲間は次第にひとり、またひとりと減っていった。

「(同業者は)もういない。会社が東京の方から田舎さ出てきたら、働くとこができるから、みんな、これ(行商)やめてったよ。売れない人はみなやめちゃった」

とは言え、当時のエレベーターもエスカレーターもなかったころにくらべれば、今はだいぶやりやすくなったという。

昔は持ってくる荷物も100キロ近くあったとのことで、「それで階段上がって。エレベーターもエスカレーターもなんにもないもんだから、難儀したよ。今は遊んでるようなもんだ」。

60年の長きにわたって続けてきた仕事を、商いの合間にしみじみと振り返る岩井さんは、「今思うと、やっててよかった」とほほ笑む。

ナス、トマト、小松菜、ししとう、大根菜……と色とりどりの野菜。餅も自分でついたものだ。

以前は毎日〝市〟を開いていた岩井さんだが、年齢とともに徐々に数を減らすこととなり、現在は前述のとおり、水・金曜の2日に絞っている。

「歳取ってからは毎日収穫してから行くのが大変で、減らしてきたんです。3日でダメだったら2日にしよう、とか。まったくこないよりは、少しでもくるほうがいいかなって。それが本人の元気の素みたいなものなので」と娘の文子さんが横から説明してくれる。とはいえ、85歳という年齢で、自ら畑を耕して、売り物が入った重い荷物とともに1時間以上かけて「通勤」するのは、やはり並大抵の作業ではない。

「銭取るためだよう」なんて岩井さんはあっけらかんと言うが、それにしてもすさまじいバイタリティーではないか。

大塚駅前、早朝7時

めっきりと寒くなり、冬の気配を感じさせ始めた10月半ばの早朝7時、改めて岩井さんの〝市〟を訪れてみた。いつものように背中を曲げてカートを押しながら大塚駅の改札を抜けて駅前の指定席に腰を下ろし、まず売り場作りにとりかかる。商品を並べるスペースを文子さんが小さな箒でさっさっと掃除して、たっぷりと時間をかけて２人で狭いスペースに野菜を丁寧に並べていく。

野菜はどれもビニール袋にみっちり詰まって、せいぜい２００円や３００円。お客さんがいろいろと選べるように、さまざまな種類の野菜をそろえるのが岩井さんの流儀だ。だから開店準備も40分近くかかるが、とうぜん、その間にも常連客はお構いなしに次々と訪れる。

7時20分。開店準備中の岩井さんの店をさっそくお客が訪れる。

最初の客となった年配の女性は、「ヨソで売っているのと違うもんね。おいしいし甘みもあるし、柔らかい」とうれしそうに野菜を手にする。岩井さんのお店が出ている日は、出勤前に立ち寄るのが日課だというコアなリピーターだ。岩井さんと雑談を交わしていくのがお決まりのコースで「お勤め前にここに寄るの。ここはサロン」と笑うその姿は、なんとも楽しげで、こちらも思わず笑みがこぼれてしまう。

続いてやってきた年配の男性は、岩井さんの市にはもう30年以上通っているという気合いの入った常連客。「もう長いよ、おばちゃんと付き合って」とどこか誇らしげだ。

そうこうしているうちに、今度はこの日初めて立ち寄ったと思しき若い女性客がやってきた。店の前で立ち止まり、商品群をしげしげと見つめ、「ママカリいくら?」。女性は値段を確認すると、小さくうなずいて、一旦場をあとにした。のちほどもう一度立ち寄るつもりなのかもしれない。ほかにも、足を止めることはないものの、やはり気になるのだろうか、野菜をちらちらと横目で見ながらさまざまなひとたちが通り過ぎていく。

閉店間際には、大きなキャリーケースをガラガラと引いた女性客が訪れた。

あらかじめ商品を取り置きしておいた常連客だ。奥に大事に置かれていた野菜の詰まったビニール袋を受け取ると、売れ残っていたほかのビニール袋にも目を向ける。取り置きしておいたが、引き取り手が現れないまま残された野菜だ。

どうするのかと見ていると、岩井さんになにやら声をかけ、あまっていたビニール袋をまとめて買い受けた。野菜はキャリーケースにパンパンに詰まり、そんなに食べられるの?　とこちらが思わず心配してしまう量だが、「まわりのひとたちにも配るの」と豪快だ。売れ残りの野菜がないように、という常連客ならではの気遣いだろうか。これも路上の行商というプリミティブかつミニマムな商売ならではの特徴のひとつ、なのかもしれない。

行商歴は60年以上という岩井さん。ぶっきらぼうだが
温かいおもてなしに惹かれてやってくる常連客は多い。

「ありがてえ」「おかげで続けられた」

ところで、岩井さんの店を訪れるのは常連客が中心だが、だからといって「一見さん」がこないわけではない。もちろん常連でも一見客でも、岩井さんとコミュニケーションをとって買い物をすることに変わりはない。なにしろ値札が付いておらず、知りたければ直接、聞くしかないのだから。自然と会話も生まれるし、「200円でいいよ」「これ、オマケだ」などと岩井さん流のおもてなしに触れることもできる。ここはおいしい野菜だけでなく、会話という今日では少なくなった買い物の醍醐味を味わうこともできる、最高のエンタメ空間でもあるのだ。

どんな商売でもそうだと思うが、特に個人商店の場合、店主の人柄がダイレクトにその店の表情として反映される。逆にいえば、店主の人となりはお店を見れば分かる、ということだ。30年通うリピーターがいて、おしゃべり（ともちろん野菜も）目当てで訪れる女性客に囲まれ……というこの小さなお店は、まさしく岩井さんそのものなのかも

常連客が次々に訪れる岩井さんの店。中にはキャリーケースを携えて「大人買い」する客も。

しれない。

「なんだかんだって60年もきちゃったよ（笑）。長年、いろんな人がいっぺえいてな、大変だった。えらい大変なことしてきたよ」。

気づいたら経っていた、というにはあまりに長すぎる年月。おそらく、我々には分からない数々の苦労があったに違いないが、そんな雰囲気は微塵も感じさせず、岩井さんは今日も明るく野菜を売る。「ありがてえ」「買いにきてくれるおかげで続けられた」、そんな感謝の言葉を口にしながら。

行商というもっともシンプルな形で野菜を売るその姿に、うっかりすると忘れてしまいがちな商売の本質が透けてみえる気がするのは、たぶん僕だけではないはずだ。

第3章

靴磨き

［DATA］
名　称：不明
住　所：JR新橋駅　日比谷口前
営業時間：10時〜夕方ごろ
休業日：土日祝

汚れを落とし、布で表面を何度も磨く。

いま、目の前の汚れた靴は、前に座るひとりの職人によって、10分前とは見違えるようにピカピカに生まれ変わろうとしている。

だが、そのとき目の前の相手がどんな表情をしているかは分からない。

目線の先には、うつむいて一心不乱に靴を磨き続けるその人の、ひさしの広い真っ白な帽子があるだけだ。

数分後、「きれいになったね」の言葉に我に返り、ふと顔を上げたとき、あなたは初めてその人の柔和に笑う顔を見ることになる。

足元には、ピカピカに磨き上げられたお気に入りの靴。こうして、わずか10分ほどの靴磨き体験は終わりを告げる。

珍しくなった路上の風物詩

靴磨きを東京の路上に見かけることがなくなったのは、いったいいつのころからだろうか。

かつて街の風景の一部として当たり前のようにいたその存在は、いつしかめっきり姿が見えなくなり、いまでは限られたごく一部の街で見かけるのみで、行列のできる有名店（？）をのぞけば、昔ながらの靴磨きは消えゆくときをただ待つのみの存在になりつつある。

路上で靴磨きを商ううえでは「道路使用許可」などの許可証を得る必要があるのだが、たとえば新橋を例に挙げると、港区を管轄する愛宕警察署によれば新規の参入者に対しては許可を認めておらず、現在靴磨きを営んでいる人が更新するぶんのみにとどまっているという。親族への権利の譲渡も認めていないため、つまり同区の場合でいえば一代限りの営業ということになり、その数は減ることはあれど、今後決して増加することはない、ということだ。

得意先を忙しく歩き回るサラリーマンに限らず、革靴なんて一度も履いたことない、という人はほとんどいないだろう。

もちろん自分で磨いたっていいのだけれど、面倒だし、専用のクリーム（やら靴墨やらワックスやら）を一通り揃えるのもそれなりにお金がかかる。だったら、その道のプロに頼んだほうが効率的だし、仕上がりも確実だ。それになんといっても、わずか５００円ほどだし。

……と言った手前で恐縮だが、正直に言うと、実はこれまでの人生で、自分は路上の「靴磨き」を利用したことは一度もない。そもそも仕事柄、革靴を履く機会がめったにないので、その必要もなかったわけだ。

それに、自分より明らかに年上のおばあちゃんの前にドンと足を置いて磨いてもらうことにも、なんとなく抵抗があったし。おそらく、そういう人は自分以外にもたくさんいるのではないか。

ということで、取材で人生初の靴磨きを体験してみたわけだが、思いきって足を（恐縮しつつも）置き、おばあちゃんの一代記なんかを聞きながら磨いてもらうのは、やってみた方はご存知だろうが、なかなかに新鮮で楽しい。それになんといっても、ピカピカになった靴を見るのはやはり気持ちがいいものだ。

以下につづる体験記が、僕と同じように興味はあるけど、勇気（？）が出ない、とデビューをためらっている読者の参考になればうれしい。

靴磨き歴は45年

サラリーマンの街、新橋。

ＳＬ広場のある日比谷口を出てすぐに南へ数歩進むと、交番の横にパイプ椅子や巨大なケース、写真、そしてさまざまな靴磨き道具に囲まれてカラフルな空間を作り出している、マスク姿のおばあちゃんが目に入る。

中村幸子さん、86歳。この道45年（！）という、この界隈では有名な靴磨き職人だ。中村さんをモデルにした歌もリリースされているほどで、いわば靴磨き界の生き字引のような存在である。

客足が途絶えたころを見計らって、あいさつをして中村さんの目の前のパイプ椅子に腰かける。

「いいですか？」と聞くとマスクの奥で穏やかな笑みを浮かべ、片足を黒い足置き台（というのかどうか）に置くように教えてくれる。

ひっきりなしに行き交う電車の音がややうるさいが、まあこれも路上の靴磨きの醍醐

この道45年の中村幸子さん。新橋SL広場前が中村さんの“職場”だ。

味といえなくもない。

靴を磨いてもらいながら企画の趣旨を伝えると、快くオーケー。まずは名前を教えてもらったあと、年齢を聞くと「ここにくると、（体は）50代になるの。手は20代」と笑う。

仕事のスタートはだいたい10時で、9時半ごろから支度を始める。

以前はもっと早い時間から始めていたが、今は10時を過ぎないとお客さんがこないのだとか。出社前に立ち寄るお客さんが多いのかと思ったけど、意外にそうでもないようだ。

中村さんがこの場所で靴磨きを始めたのは、前述の通り45年前のことである。

病気だったご主人が亡くなり、あとには5人の子どもが残された。

「食べさせなきゃならないでしょ、子供5人を」ということで、商売を開始。以前はやはりこの辺りで、10年ほど果物の行商をしていたが、あるとき靴磨きに転職。しかし、なぜ靴磨き？「それが分からないの。自分でもね。若いときはね、まさか靴屋だけはやるとは思わなかった（笑）。でも一番長くやっちゃったんだから、人間ってのは分からないの」とブラシで靴の汚れを落としながら笑う。

表面の汚れを落としたら、専用の布で丹念に靴を磨いていく。

かたわらに置かれた靴墨やワックス、つや出しクリームなどに忙しく手を走らせなが

靴磨きのはじまりは丁寧に汚れを落とすところから。
スマホ（つまりインターネット）にあがっている情報をみてわざわざ訪れる人も多いという。

ら、キュッ、キュッと布を巧みに操る。汚れの付着した年老いた靴がみるみる若返っていく様を見るのは、なかなかの快感だ。

「昔はここにも、ここにも（と周囲を指差して）木があったんですよ。木の陰で多くの人が（靴磨きを）やってたんです。当時は、ここで一人でぽつんとやってたんだけど。そのときは許可もなくて、みんなに怒られ怒られ、夕方にやったり……大変だった」。

当時の新橋にはもっと多くの靴磨き職人がいたそうだが、今では中村さんと、もう一人の男性のふたりだけ。「みんな歳だからやめていった」という。

新たに参入するには警察の道路使用許可などが必要だが、前述の通り新規の取得は難しく、中村さんのように古くから続けている人が更新するのみとなっている。

「ここはね、昔は露店がいっぱいあったの。昔は役所もうるさくなかったの」

中村さんは、ケースの奥から許可証を取り出し、それを見せてくれながら当時を懐かしむ。

「今はみんな靴が汚い」

つや出しクリームを塗り、ブラシを取り出して革以外の部分の汚れを落とす。右足が終わったら、次は左足。同じ手順で再び磨き始める。靴にもよるが、両足でおおよそ10分程度といったところだろうか。

中村さんによると、黒の靴を磨くのは比較的簡単だそうで「誰でもできる、下手でもできる」。茶系は練習が必要で、これは「素人では難しい」とのこと。

さまざまな種類に対応できるように、靴墨やクリームを複数揃えているが、クリーム類はダース単位でないと揃えられないため、道具にかかる費用は月に1万円を超す。布で磨いてハイおしまい、という単純なものでもないのだ。

「今はみんな靴が汚いね。きれいな人はあまりいない。背広はきれいでもね。だからいい男でも、靴がきれいならもっといい男になるのに。イケメンにね（笑）」と中村さん。ファッション誌で「オシャレは足元から」とか言われてもフン、としか思わないのに、この道45年の中村さんに言われると、もうちょっと足元に気を配らないとなあ……と思わず自省してしまったりして。

ところで、年中同じに見えるが実は靴磨きにも繁閑差があり、夏は比較的ひまなんだという。

ただし、雨が降った次の日は靴が汚れているため、仕事が増える。考えてみれば、屋外商売である以上、最大のハードルはたしかに天候かもしれない。

「夏もつらいけど、寒いのもね。今年の寒さはね……すごくきつかったですよ。ヒビが切れて、足はしもやけが切れて痒くなるし。だけど、お客さんさえこれば、一人（靴磨きを）やれば温まる」

中村さんは雨の日でも傘をさして仕事をするが、やはり普段に比べると客足は少ないという。屋根のある場所に移動できれば話は早いが、「場所が変わっちゃうともうダメ」。つまり客にとってはこの場所が〝店舗〟であり、そこに人がいなければ、それは「閉店」と同じことなのだ。「お客さんは横浜とかからもくるでしょ。『あそこにいる』って感覚でくるから。他の場所に行ったら、探さないからね」。

この日は前日に雨が降ったせいだろうか、次から次へとひっきりなしに客が訪れていた。もっとも、以前は一日に50人以上くることもあったが、今はやや落ち着いて、忙しい日で30人、いつもはだいたい20人ほどの客足だとか。不況の影響なのか、以前に比べると客足が落ちていることは間違いないが、食べていければいいから、と中村さんはあ

中村さんの商売道具の一部。素人にはなにがなんだか分からないけど……。

まり気にするふうでもなく、淡々と目の前の靴を磨き続ける。

「やめなくちゃと思ってもやめられない」

約10分後、「はい、できました」。

足元に視線を落とすと、そこにはピカピカに磨かれた靴があった。

「さっぱりして気持ちいいでしょ。私もスーッとするからやめられないのね。みんなにありがとうとか、きれいになったねとか言われるから、やめなくちゃと思っても、やめられない。元気なうちはね、やらないとね」

500円玉を1枚わたし、お礼を言って席を立つ。

なんとなく周囲を撮影していると、パイプ椅子にはいかにも高級そうなスーツに身を包んだ50代と思しき男性が座り、やはり見るからに高そうなルイ・ヴィトンの靴を台に乗せていた。中村さんの人柄に惹かれてくる常連客で、「おばあちゃんが大好きだから」、ときおりここにきては磨いてもらっているのだという。

取材をしているとお客さんがやってきた。黙々と靴を磨く中村さん、
その一角だけ、まるでタイムスリップしたようだった。

45年間、同じ場所でただひたすらに他人の靴を磨き続けた先に見えるのがいったいどのような風景なのか、自分には知りようもないし、たぶん分かる人もまた、中村さんと、残り少なくなってしまった数名の路上の「靴磨き職人」以外にはいないだろう。

そんな路上の職人たちを少しでも長く、変わりゆく街の風景の一部として留めておくために我々ができることは、汚れた靴と少しばかりの空き時間を持って、駅前へ歩きだすこと、なのかもしれない。

第4章

おでん屋台

［DATA］
名　称：大分軒
住　所：JR仙台駅　西口から徒歩約5分、青葉通り沿い
営業時間：18時頃〜23時頃
休業日：不定休（晴天の平日、週3日ほど営業）

映画や漫画で、大のオトナが悩み事を相談する場所は、屋台であることが多かった。それもラーメンではなく、なぜか大抵、おでんの屋台。

ひとりが大酒を飲みながら「大将、お酒」とくだを巻き、もうひとりは泣き言に耳を傾けながらちびりちびりとコップ酒をなめている……どこか郷愁を誘うおでん屋台は、大人の世界の悲哀を表現するための、ぴったりの舞台装置だったのかもしれない。

だが、いま東京におでん屋台はおそらく、ない。かつてたしかに存在していたはずのあの赤提灯と暖簾のかかった移動式店舗は、いまやどこに行っても見ることができないのである。

取材のため、知り合いに聞き続け、ネットの口コミを収集し、ある（あった）はずの場所を訪ねてみても、もはや「兵どもが夢の跡」といった風情で、そこにはただ寒風が吹き荒ぶ寂しい通りがあるのみ……。

映画や漫画に登場するあの大人の心をくすぐるおでん屋台は、いったい、どこへ消えてしまったのだろうか。

今回、本書の企画を思い立ったとき、真っ先に取材リストに加えたひとつは、おでん屋台だった。映画でおでん屋台で一杯やる主人公、なんてシーンを見るたびに、自分も見かけたら暖簾をくぐって……などと思っていたけれど、いざ取材すべく歩き回って探してもナシのつぶてで、なんだか蜃気楼を追いかけているよう。そうこうしているうちに本書の締切は迫っているし、「もはやこれまで」とほとんど観念していたのだが、所用で仙台を訪れた際、「そういえば昔このあたりにも屋台があったなあ」なんて思いながら駅前をぶらぶら歩いていたら、数十メートル先にぼんやり赤提灯が浮かんでいるのが見えた。

高鳴る鼓動を抑え、足早に近づいて暖簾の隙間をのぞくと、そこには数人の酔客と気さくそうな店主、カウンターの中には湯気を立てて煮込まれているおでんたち。こんなところで出会えるとは！

その屋台は創業54年の大分軒。

主は御年85歳（！）という内田菊治さん。

「考えてみたら、もう半世紀やってるんだよ」と柔和に笑う内田さんに、とりあえずその場で取材を申し込み、後日、改めて仙台を再訪してお話をうかがった。

オフィスビルが並ぶ大通り沿いに店を構える「大分軒」。
暗がりに映える赤提灯と赤のれんが最高！

駅前一等地のおでん屋台

東京から東北新幹線で約2時間。日が沈みかけた仙台の街中を、JR仙台駅を背に青葉通り沿いにまっすぐ進むと、5分ほどで赤いのれんに覆われた屋台が見えてくる。目の前にはオフィスビルが並び、背後には街の中心を貫く大通り。すぐそばには仙台駅への最寄りのバス停があり、降車して駅へと急ぐ人々が屋台をちらりと横目に眺め、慌ただしく通り過ぎていく。

この、駅前一等地にポツンとたたずむのが、内田さんの屋台だ。角にかけられた赤提灯は、明るく灯っていれば営業中のサイン。だいたい18時ごろから営業していることが多いようだ。

屋台は毎日営業しているわけではなく、基本的には平日の、「天気のいい日」で、おおよそ週に3日ほど。

特に曜日を決めているわけではなく、晴れていて、風が強くなければ（つまり内田さんが屋台を家から移動させられるような天候であれば）、客は、めでたくあたたかいおでんと酒にありつけることになる。

営業前の屋台の状態。これから手際よく設営を始め、
わずか10分ほどで「おでん屋台」に早変わりする。圧巻のスピードだ。

ちなみに冬場は道路が凍るなど危険が多いので屋台は出さず、「虫と一緒で、3月ごろになると『ぼちぼち青葉通りに出ていくか』ってね（笑）」という営業スケジュールになっている。

内田さんの朝は早く、6時には「パッと目が覚めちゃう」。

その後、市場の店が開くタイミングで買い出しへ。内田さんが食材などを仕入れている間に、家では奥さんがおでんやラーメンの出汁をとるなど仕込みをする。

午後になるとバイクで屋台を引いて現場で向かい、15時すぎから屋台の設営にとりかかり（外枠は手際よく10分ほどで完成させていた）、店内の準備を行い、23時すぎまでお店を開ける。屋台の片付け、掃除を終えて帰宅するのは0時半。どんなに早くても寝るのは深夜の1時すぎなわけだから、85歳とは思えないエネルギーだ。

営業は18時ごろからスタートすることが多いが、客がこれば早めに開いていることもあるようで、この日も50代の常連の女性客が17時半ごろにやってきておでんと熱燗を頼んでいた。少しお話を聞いてみると、なんでも自身が20歳のころから通っているそうで、「(内田さんが）ちょっと丸くなったねえ」とか、昔の思い出なんかをいろいろと饒舌に語ってくれた。

「50年もやってると、体が自然に憶えているんだよ」とあっという間に組み上げていく。

のれんをかけて完成！　この間わずか10分。準備中には、配達にきた酒屋の対応なども行う。

他席献酬、席外問答

「大分軒」には特にめんどうなルールなどはないのだが、最初の注文だけは「3品」と決まっている。

せっかくなのでおでんを注文しようと、湯気を立ててうまそうに煮えているおでん鍋に目をやり、定番の卵と大根、昆布あたりから攻めようか……と思案していると、ごぼうを牛肉で巻いた「八幡巻き」が目に入る。お店のお勧めということでそれをチョイスし、あとは巾着のようなタネとロールキャベツ。巾着は大分軒のオリジナルで、中にナッツとねぎが大量に入っているのが珍しい。ロールキャベツはかすかにカレーの香りが漂っており、「肉の臭みを消すためにね」と内田さん。聞けば、奥さんがいろいろ工夫しているのだという。

なるほどなあ、とうなりながら斜め上を見上げると、今度は、「他席献酬　席外問答　大声歌唱　乱酔暴言」という文字が目に飛び込んできた。

実は起倒流という柔術の使い手でもある内田さん。「まあ酔っ払いには負けませんよ（笑）」。
歴史にも詳しく、とめどなく言葉があふれる。手前の大きな寸胴はラーメン用のスープ。

ん、四文字熟語？　しかし後ろのふたつは分かるのだけど、はじめのふたつが分からない……首をひねっていると、「酒のやり取りをするなということ、理屈の言い合いをするなということ。……酒は、もらった人はお返ししなきゃならないから。理屈は、尽きないじゃない。理屈が理屈を呼んで、どこまでも続くでしょ」と解説が入る。飲み屋ではなかなかお目にかかれない一風変わったルールだが、いかにも内田さんの人生観が現れているようで面白い。

おでんもラーメンも、どこかで習ったものではなく、「誰も教えてくれないから」と、すべて夫妻のオリジナル。創業から54年経つが、「味は変わらない。本人が作るんだから、変わりようがないじゃない（笑）。進歩もないけど、反対もないね」。

そう語る内田さんだが、50年以上の長きにわたって同じ味を作り続けるのは簡単ではないし、それがうまいとなればなおさらである。

屋台というと、つい客としても「味より雰囲気」というイメージを抱きがちな気がするけれど、必ずしもそうではないのだ。

コの字型のカウンターの中央で存在感を放つおでんたち。
中には大分軒オリジナルのタネも。トマトのおでんもオススメです。

なんとなくはじめて54年

　ところで、仙台の屋台なのになぜ大分軒なのかというと、それは内田さんの出身地に由来している。

　そもそも、内田さんが仙台にきて屋台を始めたのは、30歳のとき。

　それまでは「シーマンで、海上生活をしていた」。漁船に乗り、気仙沼や塩竈など、宮城県の漁港にもよくきていたという。そんな縁もあって、当時の仙台が暮らしやすい街だったことを知った内田さんは、九州を出て、東京を通過し、仙台で屋台を始めることになる。年は1964年。前回の東京五輪が行われた年だった。

「当時は、屋台はここらだけで25台ぐらいあったかね。藤崎さん（著者注、仙台に本社を置く老舗百貨店・藤崎のこと。大分軒からは青葉通りをまっすぐ歩いて5分ぐらいの場所にある）の先ぐらいまであったよ。市内にはほかにも散らばっていて、全部で50台ぐらいはあったね」

　そう当時の屋台状況を語る内田さん。かつては、道路沿いに屋台がずらりと並んでいたという。

だが、内田さんが屋台をはじめたころを境に、まわりから高齢の同業者の姿が消え始める。

「(屋台を出すのに必要な) 申請書を出したとき、まわりでは私が一番若かったのね。でも、人間弱るときは一緒に弱っていくんですよ。80代に入ってから、ばくっと弱る。85歳で元気な人もいるけど、弱っている人がほとんどだから。いっぺんにいなくなっていったね」

また、同じころ、屋台は一代限り、という決まりが制定されたことも大きな影響があったという。当時は、東京五輪という世紀のビッグイベントを控えていた時期。「大きなイベントがあると、最初にやり玉に挙げられるのが屋台とか、露天商の人で。屋台はトイレもなければ水道も電気もないから不衛生、ということで」みるみる屋台が減少していった。五輪やワールドカップを自国開催するのは勝手だけれど、変な浄化政策みたいなことがはじまってしまうのは、いつの時代も同じなのだ (今もちょうどその時期だけど)。

ところで、なぜ船乗りだった内田さんが、屋台をはじめることになったのか。しかも、故郷とはほとんど反対に位置する仙台で。

そう疑問をぶつけると、「わかんないんだ、それが (笑)」と内田さん。「気がついたら屋台のラーメン屋になってたんだよね。そのときは、誰がやってもよかったんだよ。ただなんとなく、屋台があったから」と、なんともおおらかだ。だが、この力の抜け具合こそが、半世紀以上も走り続けてこられた秘けつなのかもしれない。

とことん明るい大人の空間

完全に日が落ちた18時半。大分軒にも、徐々に仕事後の一杯をやろうとのれんをくぐる姿が増え始める。

ほとんどは40〜50代の常連客で、背広姿の男性もいれば女性客もいる。10人も入ればとなりと肩を寄せ合うような狭い店内で、みなそれぞれに好きなおでんを頼み、熱燗やビールを飲んで、冗談を言い合って笑ってくつろいでいる。場の中心にいるのは内田さんだ。大河ドラマの話から歴史トークになったと思えば、昔の芸能人の話……と融通無碍。といってもみな、眉間に皺を寄せて深く話し込むわけではなく、自虐ネタ、冗談、ものまねが飛び交うフリーダムな空間。会社ではみんなエライ立場にいるのだろうが（あ

意外に１人客が多い大分軒。難しい話は一切なしで、
冗談が飛び交うひたすら明るいその空間は、いわば大人の社交場。

とで名刺をもらった人たちのひとりは会社の部長で、もうひとりは地元企業の社長だった)、もちろん誰も仕事の話なんかしない。そう、ここはすばらしく非生産的でとことん明るい、大人による、大人のための空間なのだ。

50年以上、いろいろな客を見続けてきた内田さん。「みんな偉くなっているね。東北大の総長になった人もいるし、市長さんになった人もいる。酒飲んでつまんないこと言ってるけど、ふたを開けてみたら偉い人だった、とか(笑)。店では名乗らないからね。たまたまパッとテレビを観たら、『この人、俺のところによくきている人だよなー』とか気づいたりね」と懐かしむ。

「自分でも分からないけど、何か、やめがたい」

取材の終盤、内田さんに「やめようと思ったことは?」と尋ねると、「ある、何回も」と即答した。

「お客さんとけんかしたときとか、からまれたときとかね……そんなときは、あーやだな、もうやめようかなって。でも、次の日になったらまた行かないとな、と思う。そんなのに負けてられないじゃない」長い年月、おそらくそのようなことの繰り返し、ここまでやってきたのだろう。

いったい、何が内田さんをここまで、長く続けてこさせたのだろうか。

すると内田さんは即座に「生活」と口にし、「それ以外なんにもない。かといって、これを足掛かりにしてビルに入って何店舗も持って大きくなろう、という考えもないのよ。そういう話があっても乗らない。女房でも使い切らないんだから、他人を使い切れるはずがないし」と朗らかに笑う。

杜の都の、最後の屋台。

移動式の屋台という文化が消えつつある中、我々は、その姿をいつまで目にすることができるのか。

内田さんは、いつまで〝最後のひとり〟を守り続けるのか。

「それが難しいんだな。人間、引き際が大切だっちゅうのは言われないでも分かっていて、いまにも引きたいいんだけど……何か、やめられない未練があるんだよねえ」と内田さんは言う。

「生活ができないってだけではないんだなあ。そこが自分でも分からないんだよね。好きではないんだけどね、何か、やめがたい。やっぱりここにいて初めて、人のつながりができていると思うから。そのつながりが絶たれることがいやで、健康で、かみさんが協力してくれる間は、細々とでも、やるかなーと思っているよ」

54年続けてきた内田さんでも、はっきりと言葉に出せない何か。

それは最後の屋台としての矜持なのか。

それとももしかしたら、それが屋台そのものが持つ、人を惹きつける魔力なのかもしれない。

第5章
駄菓子屋

［DATA］
名　称：ぎふ屋
住　所：東京都中野区上高田5-44-3
営業時間：12時〜22時（平日）、10時〜22時（土日祝）
休業日：毎週水曜日、第一、第三火曜日

思えば、近ごろめっきり駄菓子屋を見ない気がする。

タバコや日用品コーナーの片隅に、申し訳程度に駄菓子を並べる店ならちらほらと見つけることはあるけれど、店中に駄菓子やチープなおもちゃが並べられて、10円で遊べるゲームがあって……なんていう由緒正しき（?）〝ニッポンの駄菓子屋〟を見つけることは、ほとんどない。それはまるで、人々のイメージの中でのみ存在する「深窓の令嬢」とか「幻の屋台ラーメン屋」みたいな、はかなく漂う蜃気楼のような存在にも思える。

と、ここまで書いて、体感ではなく実際のところはどうなのか気になったので、経済産業省の公開している統計データにアクセスしてみた。

それによると、昭和47年には22万８１２３人だった駄菓子屋を含めた菓子小売業の従業員数は、昭和60年には16万９８３８人に、平成19年には8万７３７４人にまで減少。事業所数は昭和60年には9万４３３件あったが、こちらも平成19年には2万１５４５件と、なんと20数年で４分の１以下にまで減少している。まあ、もちろんこうした数字ですべてを物語ることはできないけれど、それにしてもここまで縮小していることに驚いた。少なくとも数字だけみれば、その市場規模が年々縮小しているというのは明らかではないか。

そうした原因のひとつには、少子化だったり、店主の高齢化だったり、安すぎる商品単価だったりとさまざまな要因が横たわっているわけだが、いずれにせよ、駄菓子屋という仕事が昭和の昔に比べて「儲からない」商売になったことはまず間違いないところだろう。絶滅寸前、とまで言ってしまうと大げさだけど、絶滅が危ぶまれている、というレベルといっていいのではないか。絶滅危惧種に指定したくなってしまう。

とはいえ、このまま駄菓子屋が絶滅に向かうのをただながめているだけではさびしい。なんといっても昭和の昔にタイムスリップしたようなその空間は、子供から外国人観光客まで、さまざまな人に安らぎと刺激を与えてくれる場なのだから。ここでその歴史を閉ざしてしまうのはもったいない。今なお最前線で踏ん張っている〝今日の駄菓子屋〟の中に、10年後の駄菓子屋の姿を探してみよう。

新しい時代の駄菓子屋

西武新宿線・新井薬師の駅を降りて徒歩2分。踏切を渡り、幅のせまい道を北へ向かっ

外観はむかし懐かしい駄菓子屋そのものの「ぎふ屋」。
いまではあまり見ることのない「10円ゲーム」が目を引く。

て歩いていくと、噂に聞いていたその店はあった。

そろそろと近づいてみると、店の外壁にはカラフルなタバコや「キンチョール」などの立て看板、そしてここが何の店なのかを明確に決定づける、昔なつかし「10円ゲーム」の筐体。まだあったんだ、これ……。入り口には、これまたカラフルなビニール製のボールが吊るされ、ちらりと見えるレジの前にはさまざまな銘柄のタバコが整然と並べられ、独特の雰囲気を醸し出している。

店先に立って見上げると、看板には岐阜出身の先代が名付けたという「ぎふ屋」という屋号がポップな書体でしたためられており、カラフルな店頭の雰囲気と絶妙なマッチングをみせている。

店内はさらにカラフルで、お世辞にも広いとは言えない10畳ほどの空間に、定番の10円ガムから400円のふ菓子までありとあらゆるラインアップを誇る駄菓子の数々、ゴジラやウルトラマンなどのソフビ人形、メンコなど懐かしのおもちゃ、ビートルズのレコード、ドラマのセットで見るような古ポスター、ヤフオクあたりでマニアに高額で取引されそうなマンガの単行本。天井からは仮面ライダーの人形や露天でお馴染みの「ドラえもん」などのキャラクターもののお面が吊るされ、そしてなぜか分からないが黒電

「ぎふ屋」の店内。眼球を動かすのが疲れそうなほどのおびただしい商品群が異彩を放つ。

話。よく見ると東京オリンピック（もちろん1964年開催時）の記念品まであり、これだけの商品やオブジェが、決してカオスに乱れず絶妙な配置でレイアウトされている。そのあまりに圧倒的なボリュームのインパクトに、おそらくあなたは数秒間、言葉を忘れて立ちつくすに違いない。もちろん、並んでいるアイテムのほとんどは商品なんだけれど、まるで隙間を嫌うかのように徹底された陳列をみていると、視界に映る空間すべてがひとつのオブジェのようにも見えてくる。

「ぎふ屋」の二代目店主の土屋芳昭さん曰く、目指したのは「人間の五感に訴えるようなデザイン」。床には昔の小学校をイメージして暖かみが感じられる木を貼ったり……と商品構成はもちろん、雰囲気作りにも工夫を凝らした。

実はオブジェの一環のようにみえる、ずらりと並ぶ昔のマンガは立ち読み自由になっており、これは店内を「常に誰かいる状態」にする効果を狙ってのこと。さらに今の流行を取り入れて女児向けにプリキュアのおもちゃを置き……と、時代に合わせたこまめなアップデートも忘れない。大量の商品の奥に今日では珍しいレアな駄菓子が発見できたりと、駄菓子屋ならではの〝発掘〟する楽しみも十分だ。昔なつかしい外観に隠されたその内部は、緻密な戦略のもとにすみずみまで土屋さんの考えが行き渡った、レトロ

なつかしのソフビ人形やフィギュアがあちこちに！

棚には「コミックス立ち読み自由！」の文言が。さりげなく吊るされたパチンコも気になる。

でありながら新しい〝現代の駄菓子屋〟だったのである。

会社員から駄菓子屋店主に転身

「ぎふ屋」はもともとは岐阜から上京してきた先代にあたる両親が、戦後間もない昭和24年にこの地に創業。当時は駄菓子もあるにはあったが、「泡の立たないせっけんや便所紙、洗濯バサミ」などの日用品を主に扱う店だったという。

その父が他界し、土屋さんが店を受け継いだのは約10年前のことだ。

当時の土屋さんは物流関係の会社でバリバリのサラリーマン生活の真っただ中。脂が乗り切って仕事が楽しい時期だったが、父親に亡くなる間際「店を頼む、と言われて」、本人も予想外の方向転換を図ることに。

父から与えられたのはわずか9坪の土地と、「タバコはなくすな」という言葉だった。斜陽産業であるタバコを扱うことはリスクもあったが、「タバコだけじゃなく老若男女にうけるためにいろんなマトリックスを考えて」、タバコとのマッチングで相乗効果を得ら

カウンターだけみるとまるでタバコ屋のよう。タバコをめがけて、大人もやってくるのだ。

れる商売として、駄菓子屋を始めたという。

時代はちょうど、映画『ALWAYS　三丁目の夕日』のヒットもあり、昭和をキーワードにしたムーブメントが出始めていたころ。ショッピングモール内に出店しているような駄菓子屋風の店もリサーチし、幅広い年齢層に受け入れられている姿もヒントになった。

とはいえ、少子化のこの時代、薄利多売の駄菓子屋を始める土屋さんの姿は周囲には奇異に映ったようで、「馬鹿じゃないの」と言われることも多々あった。

やっとこさオープンしてみれば、人に会うごとにご祝儀……ではなく「(今の時代)子どもはいないよ」と忠告される始末。当時の気苦労が察せられるが、もともと子供のみをターゲットにした商売をするつもりはなかったので、そんな批判もどこ吹く風。

22時までと駄菓子屋にしては遅い営業時間も功を奏し、フタを開けてみれば、子どもを隠れ蓑にタバコを買いにくる母親や、仕事帰りにおつまみを求める酔っ払ったサラリーマン、孫を連れたお年寄り、などなど土屋さんの読み通り、「ヨチヨチ歩きから100歳まで」が訪れるという驚愕の幅広さを誇る客層に。おそらくこれほどまでにバラエティー豊かな客層を相手にしている商売はちょっと他にないだろう。

安価な商品は子どもたち、単価の高い商品は大人――と棲み分けがばっちりできていることも強みになった。

求められるのは「コミュ力」や「アドリブ力」

興味深い開業記をうかがいながら、改めて店内を見渡してみると、約300という膨大な商品の中には「元祖　梅ジャム」や「きなこ棒」「ふ菓子」などコンビニにはまず置いていないと思われる駄菓子もちらほら。

てっきりメーカーが工場でガシャンガシャン（かどうかは知らないが）と作っているのかと思ったら、実はそうではなく、たとえば「梅ジャム」は高齢のおじいさんの職人が一人で作っているのだとか（なお梅ジャムはその後、2017年の年末に生産を終了したとされる。現在「ぎふ屋」ではちがうメーカーの梅ジャムを扱っている）。一子相伝どころではない、まさしくワンアンドオンリーの商品だ。ちなみに売れ筋はというと、やはりというか、予想通り安価な「10円ガム」や「うまい棒」とのことでした。

ところで、こうした商品はいったいどのように探し集めてくるのだろうか。

土屋さんによると、駄菓子には「総合問屋」的存在はないそうで、得意ジャンルの異なるそれぞれの問屋を十数件、訪ねまわって仕入れるのだという。仕入れひとつとってもなかなか大変なのだ。

普段はそうした作業をこなしつつ、商品管理やリサーチなども並行して行う。女児に人気と分かれば「プリキュア」について調べたり、30～40代のサラリーマンの仕事の悩みも聞けるようにアンテナを広く張り巡らせることも忘れない。

「場面場面で対応できるかどうか」が大事、と土屋さん。

とどのつまり、「コミュ力」や「アドリブ力」なんかが求められる素養なのだ。なんだかバーのマスターや一流のキャバクラ嬢みたいだな……と思ったが、よく考えてみると、それは客商売の真髄そのものなのかもしれない。

駄菓子屋業界の今後については、「縮小でしょ」と土屋さんは即答する。

「やり方を考えないと難しい。新規参入も難しい」と見通しは暗い。

ただ、逆に言えば、土屋さんがやってきたように、お店側のやり方次第ではチャンスはある、ということかもしれない。

駄菓子屋といえばコレ？　人気商品「元祖　梅ジャム」。写真は当時（2016年）のもの。

正直に告白すると、今回、取材でうかがう前は「昔ながらの、昭和のころから変わらない〝古き良き駄菓子屋〟」みたいなのをイメージしており、実際にはそれとは別の、隅々まで計算されアップデートされた姿を見ることになったわけだが、これもまた「今の駄菓子屋」のひとつの形なのかもしれない。

最後に、土屋さんの駄菓子屋を営む喜びを紹介してこの項を締めよう。

「いろんな世代の人といろんな会話ができるのが面白さなのかな、と思います」

第6章
キャバレー

［DATA］

名　称：ミス大阪

住　所：大阪府大阪市中央区千日前2-7-16

営業時間：17時～23時

休業日：12月31日～1月2日

２０１８年12月30日、関東（というか日本を？）を代表する老舗キャバレー「ハリウッド」がその歴史に幕を閉じた。そのちょうど1年前には、銀座の創業87年の名物キャバレー「白いばら」が閉店しており、これで東京、いや関東圏に現存するキャバレーは、おそらくごく数店のみとなり、キャバレーという業態がまた一歩、絶滅へと近づいたことになる。

広大なスペースを要するがゆえの高額な家賃だとか、後継者がいないとか、建物の老朽化とか、キャバレーが閉店する理由はいろいろあるのだろうけど、ひとつにはキャバレーというエンターテインメントの魅力が、年配層以外には「あまり知られていない」ことが大きいのではないかという気がする。

現に、同年代の友人・知人を見渡してみても、「キャバレー体験」のある人間はほとんどいない。実際、キャバレーに足を運んでみると、盛況ではあるものの、そのほとんどは40代以上（と思われる）のオジサマたちばかりだ。もともと若者をターゲットにしていないにせよ、そこまで「お高くとまった」商売でもないのに、なぜか横たわる圧倒的な世代間断絶。「昭和の娯楽」の代表格のような古臭く、ちょっと怪しいキャバレーは、若者には「宇宙よりも遠い場所」なのかもしれない。

だが、自分の（数少ない）キャバレー体験で言ってしまえば、キャバレーは楽しい。

いったい、何がそれほど魅力的なのだろう。

ギラギラした味のあるネオン、今日ではあまり見かけることのできないケレン味たっぷりの華やかな内装、下は18歳から上は60代まで（！）というバラエティー豊かなホステスたち、会話の邪魔にならないバンド演奏……。いろいろ思いつくけれど、その最大の魅力は、結局のところ「雰囲気」に尽きるのではないかと思う。

隣のボックスには年配客と、その同年代（と思われる）の着物姿のホステスたちが談笑しており、向かいのボックスでは露出の多い若いホステスと常連客が親密そうに肩を寄せ合い、背後ではサングラス姿のコワモテな初老客がたくさんのホステスに囲まれてご満悦。ボーイも20代の若者から白髪のお年寄りまでさまざまで、フロアはまるで人間博覧会のような趣だ。ホステスはよく、「いろいろな人がいるのが、キャバレーの魅力」と言う。かようにさまざまな人間が入り乱れることで醸成される、ある種のカオスな雰囲気それこそが、キャバレーをほかのどこにもない、唯一無二のエンターテインメントに仕上げているのではないだろうか。

ちなみに今回、本書で取り上げたさまざまなスポットの大部分は関東圏、それも東京に集中している。それは（立地的なハードルもあるが）東京オリンピックという目前に迫っているビッグイベントを前に、改めて東京という街を見直してみたいという思いもあったからだが、キャバレーに関しては、都内には前述のとおりほとんど残っていない現状がある。

ただ改めて調べてみると、大阪にはまだ数店舗が元気に営業しており、中でも「鳥よしグループ」が経営する「ミス大阪」は、現存する国内のキャバレーでは日本最古という。そこで今回は、大阪は千日前の名物キャバレー（グランドラウンジ）「ミス大阪」にお邪魔し、勤続40年という、キャバレー業界の生き字引的存在ともいえる中西孝一部長にお話をうかがった。

スナックとも、キャバクラとも違う

大阪は千日前。小さな居酒屋や立ち飲み屋が並ぶにぎやかな繁華街の片隅を歩いていると、眼前に突然、昭和にタイムスリップしたかのような光景が広がる。

懐かしさをおぼえるカラフルなネオンが夜空を照らし、年季の入った建物が軒を連ねる。それらの建物を通り過ぎて少し歩くと、先にあるのは女優の二階堂ふみが出演していた映画『味園ユニバース』でおなじみの「味園《みその》ビル」だ。

そして、なんとなく「ブレードランナー」的な雰囲気漂うこの一帯の中で特に気になる存在が、昭和の面影をそのまま残した、ネオン輝くグランドキャバレー「ミス大阪」である。

きらびやかなネオンに誘われて店内に足を踏み入れ、1階フロアを眺めると、あなたはおそらく、まずその華美でどこか郷愁を誘う照明に目を奪われるはずだ。

天井からは花をモチーフにしたようなデザインの無数のランプが吊るされ、正面には「これぞキャバレー」といった趣の、昔のアメリカ映画に登場するようなド派手な電飾。広大な隙間を埋めるようにずらりと配置されたソファーには、すべて真鍮製という、店内を淡く彩る特注のランプが鈍く輝いている。

フロアには、会話を邪魔しないボリュームのバンド演奏がゆるやかに流れ続け、指名されたホステスの名を告げる場内アナウンスが響きわたる。席では客とホステスが、アルコール交じりに楽しそうにしゃべり続ける姿。……スナックとも、キャバクラとも違う、

「ミス大阪」がある千日前の通り。「ミスパール」「ザ・フレッシュ」などの系列店も並び、独特の（ちょっと怪しい）雰囲気をどろりと漂わせている。

おそらくキャバレーにしか醸し出せないであろう唯一無二の空間。ここにあるのは、間違いなく「夜の夢」のひとつの形なのだ。

「玄関でお客さんが待っていた」

「ミス大阪」の創業は昭和12年。中西さんによれば、前身は店名にキャバレーと冠しておらず、アルバイトサロン。つまりアルバイト（素人）の女の子が働く「喫茶店をアレンジしたような店」だったという。いわゆる「アルサロ」だ（ちなみに現在「ミス大阪」は「グランドラウンジ」を名乗っている）。

お店のホームページによると、当初は現在とは違う、日本橋4丁目に店を構えていたが、昭和19年に戦災により消失。その後昭和22年に現在の住所に移転し、営業を再開した。それから再び全焼の憂き目にあうが、ビルを再建するなど不死鳥のごとくよみがえり、再び営業を開始。順調に客足を伸ばしていく中で、さまざまなニーズに対応するために18歳から30歳までと比較的若いホステスが働く「ザ・フレッシュ」や、逆に50歳前

「ミス大阪」の店内。花のようなデザインのランプが無数に
吊るされており、どこか幻想的な雰囲気だ。

後のホステスが集まった「ミス・パール」などの系列店も開店。現在は「ミス大阪」の向かいにこれらの店舗が仲良く並び、行き交う人々の欲望を刺激する魅惑のトライアングルを築いている。

キャバレーが日本中に普及し始めたのは、手元のいくつかの資料によると、昭和30〜40年代のころだという。最盛期には全国に200軒を超える数の店が存在し、多くの人が華やかな空間に癒しと非日常体験を求めて足を運んだ。昭和12年に創業した「ミス大阪」がピークを迎えたのは、中西さんによれば昭和50年代に入ってからのこと。当時は「玄関、階段でお客さんが入店を待っていた」ほどの盛況ぶりだったという。

なお、少々脱線するが、現在の「ミス大阪」ではバンドによる演奏はあるがチークダンスなどのダンスタイムはない。かつてはフロアの真ん中のスペースを大きく使い、ジルバなどをホステスと客が踊る光景が見られたが、店に入りきらないほどの客が押し寄せるようになり、「席が足らなくなって、踊っている場合じゃない」と縮小。ダンスを踊れるホステスが高齢化していったことも、一因にあったようだ。

さて、そのようにこの世の春を謳歌していたキャバレー業界にも、次第に陰りが見え始めるようになる。

一階フロア正面にはステージがあり、手前にはゆったりと客席が広がる。

背景にあるのは、ひとつにはカラオケやディスコなど新たな娯楽の台頭だ。

時代の流れに対応できなかったキャバレーは、一軒、また一軒と姿を消すようになっていった、とされる。また、キャバレーを経営するにはある程度の店舗面積が必要となるため、高額な家賃もネックになっていたようだ。さらに中西さんによれば「キャバクラの波がきて、女の子はそっちにいっちゃう」ため、ホステスの確保が難しくなり、人件費が高騰。こうした諸々の要素が絡み合い、キャバレーは苦難の道を進むことになったという。

「ミス大阪」の周囲のキャバレーもご多分に漏れず「どんどん潰れて」いき、同店もジリ貧状態が続いた時期もあったと中西さんは回顧する。だがそこで起死回生の一手となったのが、定額料金システムだった。「70分で最高でも7000円」という料金システムを姉妹店「ザ・フレッシュ」で実験的に取り組んでみたところ、「これが当たった」。ひとつの成功体験として、その後「ミス大阪」にも応用されることになったという。「いまは半分以上のお客さんがそのシステムで遊んでいるね」と中西さん。そのような定額システムは当時の業界的には破格だったようだが、「ミス大阪」は店舗が自社物件という強みがあったことも大きかったようだ。

ちなみに、「ミス大阪」の現在の景気はというと「横ばいか、ちょっと上」。閉塞感漂う同業界にあって、なかなかの健闘ぶりだ。ひとつには、同業者が閉店する中で、失職したホステスが「お得意様」を連れて「ミス大阪」に流れてくることも要因らしい。

「ミス大阪」でキャバレー体験

ひと通り中西さんにお話をうかがった後は、開店間もない「ミス大阪」でイチ客として（つまり自腹で）、飲みながらホステスの方に話を聞いてみた。以前に訪れたときは広々とした1階フロアだったが、今回は全景が見渡せる2階フロアに案内していただいた。

はじめに席についてくれたのは、おっとりした関西弁が魅力的な、今年50歳になるというNさん。年齢を聞かないとどうみても30代にしか見えない、若々しすぎる入店3年目のホステスである。

Nさんは、同店で働く前はまったく関係のない医療関係の職に就いていたのだが、「全然違う仕事をやってみたくて」友人の紹介で「ミス大阪」に。水商売の経験はゼロで「焼酎の種類も知らず、ビールの注ぎ方から覚えていった」。だが、「いろんな女の子がいるから、自分に合った人と付き合える」と働きやすい環境が肌に合い、先輩のホステスに一つひとつ所作を学びながら仕事を続け、気がつけば3年目に突入。これは在籍ホステスが300人超で、「下は18歳から、上は60代まで」という、まるで法事に集まった親族の顔ぶれのような幅広さを誇る同店ならではの特徴かもしれない。

興味深い舞台裏の話を聞きながらビールを飲んでいると、Nさんが突然、店に入ってきたひとりのホステスを指さした。聞けば、28歳から34年、この「ミス大阪」で働いているという同店でも指折りのベテラン人気ホステスだという。中西さん同様、店の生き字引的存在ではないか。ぜひバブル時代の華やかなりし思い出を教えてもらおうと、指名してテーブルに呼んでみる。やってきたHさんは現在62歳。快活な関西弁で、ときおり大きな笑い声をあげるその姿はいかにも「豪快な大阪のママ」そのものといった趣だ。「バブルのころは指名の心配がなかったねえ」と当時を懐かしむHさん。その好景気ぶりもさることながら、お客の遊び方も万札飛び交う〝お大尽遊び〟で、Hさんも「キャッシュカードをそのままもらったこともありましたねえ」。中にはHさんを気に入ったお得

団体で入っても収容できるゆったりとした席のつくりがキャバレーの特徴。
インテリアもいちいち個性的で、つい眺めてしまう。

意様から「家を買ってあげる、と言われたことも」あったという。ほんとにあったんですね、そんなこと。

ビールを追加しながら面白すぎるお話を聞いていると、10分ほど経って他のお客からHさんに指名が入った。さすが人気ホステス……とHさんの後ろ姿を目で追うと、呼ばれていった先におわしますのは2人組の女性客。近年は女性だけのお客もキャバレーを訪れるといい、それほど珍しいことではないのかもしれないが、やはりキャバクラなどではなかなか見られない光景だ。

ほかにも、世代の違う女性3人だけで談笑している姿など、店内には一見、どういう組み合わせなのか分からないボックスもあったりして興味深い。詳しく聞いてみると、おばあちゃんが客であり、その娘と孫がホステスだという。つまり、おばあちゃんが娘と孫を「応援」するつもりできているわけだ。すごいですね。世の中にはいろいろな世界があるものだと痛感させられる。

また、父親と息子、親子2代でくる客もいるそうで、その際はどちらにも対応できるように、年配のホステスと若いホステスを席につけるのだとか。お客の好みや世代に応じた最適なマッチングができるのも、多くのホステスを抱える大所帯のキャバレーなら

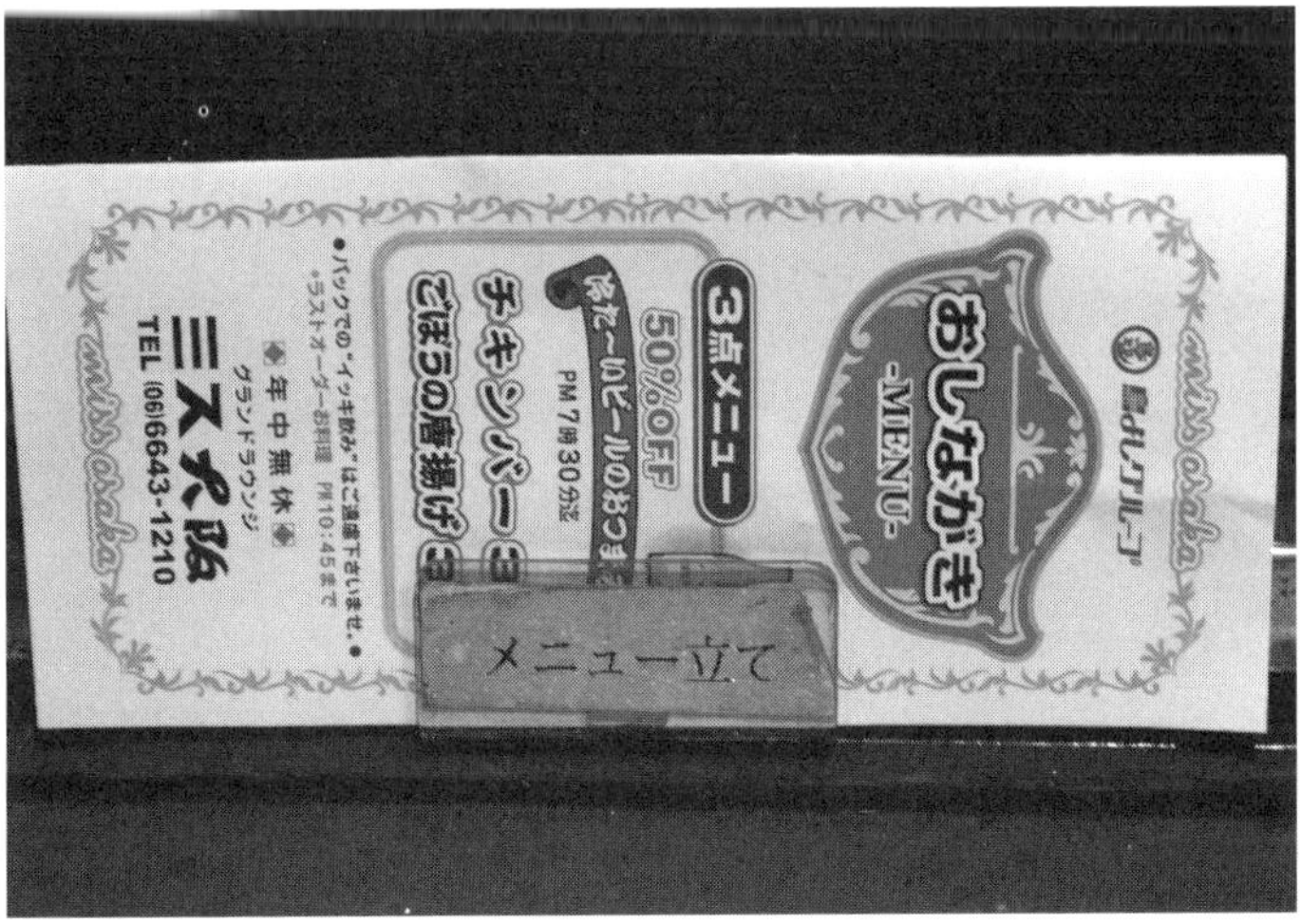

メニューも味わい深いデザイン！

ここでしか見られないような貴重なランプ。「調度品や照明関係は全部オリジナル」と中西さん。

ではの魅力なのだ。

「いまは、見栄で大金を出したりとか、ええカッコしたりするお客さんは減りましたな」と中西さんは言う。一度に10万円も遣ったりするようなお大尽は、やはり時代の流れとともに少なくなったようで、今日ではほとんど希少種なのだ。ま、それでも足しげく通っては一度に必ず10人を指名する（「ミス大阪」では最大10人まで指名できる）、ドン・ファンのような方もいるそうですが。

それにしても、キャバレーは楽しい。ショーやダンス（「ミス大阪」ではなくなったが）やカラオケがあり、気取らず、緊張せずにゆるゆると酒が飲めて、気立てのいいホステスが笑顔で話を聞いてくれる。なにより今日ではまず味わえない、ノスタルジックで、古臭く、そして新鮮な昭和の空気がここにはある。

「ミス大阪がなくなるときがキャバレーの終わりやな（笑）。最後のキャバレーを守っていかなあかんねん」と老舗の矜持をのぞかせる中西さん。〝最後〟のときに向かって進む針を遅らせるために、我々は今日もキャバレーに向かうのである。

第7章
ちんどん屋

［DATA］
名　称：チンドン芸能社
住　所：日本全国に出没
休業日：不定休

どことなく街の空気が弛緩している平日の午後3時。東京・要町の一角で、カンカン、ドンドコという賑やかな鉦や太鼓、そしてノリのいいクラリネットの音とともに、男ふたり、女ひとりの派手な三人組が住宅街を練り歩いている。

先頭を歩く歌舞伎役者のような男は、体に固定した風変わりな太鼓の前に広告ポスターを掲げ、よく通る声でお店の宣伝らしい口上を朗々と唱えている。すぐ後ろを歩く女は手に数枚のチラシと、腹の前に大太鼓。しんがりを歩く男はクラリネットを手に陽気なメロディーを奏で続けている……。あっ、ちんどん屋だ！

ちんどん屋とは、いわば「歩く広告宣伝」だ。

その歴史は１８４５年、大阪の飴勝という飴売りが寄席から頼まれ、得意の口調で街頭宣伝を行ったのが始まりという。

先頭を歩く〝親方〟はいわばリーダー。一団の中心的存在である。親方が持つ鉦とふたつの太鼓が組み合わされた風変わりな楽器がチンドン太鼓で、ちんどん屋といえばこれをイメージする人も多いだろう。あとに続く女性が腹部に携えているのは、ゴロスと呼ばれる大太鼓。しんがりを務めるクラリネット（サックスの場合もある）の男性は〝楽士〟と呼ばれ、全体のメロディーを担当している。これがちんどん屋のスタンダードな編成だ。時と場所にもよるが、先頭に立つ〝親方〟が宣伝の口上を担い、ゴロスの女性がビラを配り、楽士がメロディーを奏でる……というのが定番のスタイルとなっている。

夫婦で営むちんどん屋

先頭を歩くのは、この道20年以上のベテラン・永田久さん。

東京に留まらず、日本全国を飛び回って活動する「チンドン芸能社」の代表だ。永田さんと妻の美香さんが営む「チンドン芸能社」は、２００７年に設立。街頭宣伝やステージ演奏などいわゆる〝ちんどん屋〟のパフォーマンスを生業とする会社である。

永田さんがこの道に足を踏み入れたのは29歳のとき。

大学を卒業し、ちんどん屋とはなんの関係もない厚生労働省所管の団体職員だった永田（久）さんだが、ある日ランチに出た先で、たまたまちんどん屋と出会い「感動して話しかけた」。すぐに親方に紹介され、忙しい土日をサポートするためにちんどん屋の世界に誘われる。２週間ぐらい悩んだ末、持ち前の好奇心も手伝って「めったにないチャ

和服に傘、派手なメークという奇抜ないでたちがちんどん屋の
ユニフォーム。遠くからでも一発で分かるビジュアルだ。

ンスだから」と弟子入り。平日はサラリーマン、土日はちんどん屋という異色の二足のわらじ生活が始まった。7年ほどそのような生活が続いたが、途中でこの道一筋で修業に励む後輩に追い越されるなど悔しい時期が続き、本腰を入れてちんどん屋稼業に打ち込むことを決意。そして2001年3月、サラリーマンを辞して退路を断ち、ちんどん屋一本の道を歩き始めることになる。

一方、妻の美香さんはというと、生まれ故郷の青森で演劇に打ち込んでいたが、無職でいることに疑問を感じ、上京。しばらくちんどん屋とは関係ない仕事をしていたが、知り合いのひとりがちんどん屋で、手伝ってみると「楽しいしお金はもらえるし」、すぐに辞表を出してあっさりちんどん屋へ転職。にこにこと柔和な笑顔を浮かべる外見からは想像できない行動力である。しかしそれにしても、「ちんどん屋になるから」というのは、退職理由としてはなかなかにすごい。告げられた方も、相当驚いたんじゃないでしょうか。

ともあれ、そうしてそれぞれちんどん屋として歩み始めたふたりは、仕事で出会い、結婚を機に独立。「チンドン芸能社」を立ち上げた。それが今から12年前の2007年のことである。

依頼があればどこにでも駆けつける。写真は西荻窪の駅前でパフォーマンスする美香さん。

ちんどん屋のお仕事とは？

ちんどん屋の仕事のメインは街頭宣伝。要するに街を練り歩いてクライアントのＰＲをするわけだが、クライアントにもさまざまなジャンルがあり、永田さんによると、数年前まではパチンコ・パチスロ店の開店宣伝が多かったという。それがここ数年、特に２０１１年の東日本大震災で仕事が一時激減したことを機に、クライアントも大幅に刷新。現在は飲食店関係の宣伝依頼がもっとも多いとのことである。

たとえば飲食店の広告宣伝なら、開店前の店頭から練り歩きを始める。取材で帯同させていただいた日は、要町にオープンする串かつチェーンの宣伝ということで、やはりお店の前から練り歩きをスタートした。

隊列は親方（永田さん）、ゴロスの女性、クラリネット吹きの楽士の３人編成。人の集まる場所では親方が「お騒がせしております～」から始まる口上を語り、ゴロスはチラシを配り、クラリネットは「オー・シャンゼリゼ」から「Have You Ever Seen

永田さんによると、全国には「ちんどんコンクール」などの大会に
出ていない人も含めると100人以上のプロのちんどん屋がいるという。

The Rain」、さらには長渕剛の「とんぼ」や「ＡＫＢ48」の「恋するフォーチュンクッキー」まで幅広いラインアップをテンション高く奏でる。レパートリーは３００曲以上というからすごい。

永田さんによれば、「アッパー系のアガる曲からスタートしてバラード、最後にまたアッパーでしめる」など一連のレパートリーにもメリハリがあるという。結構臨機応変というか、その場のノリで演奏しているようなところもあり、この日はビルから社員の若い女の子が連れ立って見物しにくると、ＡＫＢ48の曲を吹きだして盛り上げていた。ちなみに、楽器はもともとは三味線が主流だったが、雨に弱く、歌謡曲に向かないなどの理由から廃れ、現在のようにサックスやクラリネットが全盛になったということである。

ルートはクライアントの意向によるものではなく、親方が決める（クライアントからのオーダーがある場合も、ときにはある）。

永田さんによると、「駅前、商店街、オフィス街、住宅街……といったエリアのイメージで、歩き方と時間配分を考えています」。とはいえ、やはり現場を歩いてみないと分からない部分はあるようで、ある程度は「ぶっつけ」でのぞむことになる。もちろん人が

狭い路地でもどんどん入っていきます。クライアントからは
「いっぱい写真に写ってきて」と言われることも。

多い場所を狙うわけだが、閑静な住宅街を歩くこともある。住んでいる人や企業からすると、いつもの静かな街並みの中に突然ガシャガシャとにぎやかな一団が出現するわけだからやはりそれなりに驚くだろうが、ちんどん屋と分かると笑顔で家やビルから出てきて、一緒にスマホで写真を撮ったり。今はスマホで撮影した画像はすぐにSNSで拡散されるので、写真撮影に応じるのは宣伝の仕事の一環、という事情もあり、クライアントからは「写真にできるだけ写ってきて」とお願いされることもあるという。

そんなわけでこの日を含め、ちんどん屋の世界を少しでも肌で感じてみるため、自分も2日間ほど一同に加わり練り歩いてみた。

観察していると、ほとんどの人が嫌な顔もせずに差し出されたチラシを受け取っていることに気づく。普通、路上で配布しているチラシなんて5人に1人ぐらい受け取ればいいようなものだと思うが、なかなかに珍しい光景である。

そしてもうひとつ目を引いたのが、先にも少し述べたが写真撮影に興じる人の多さだ。中には周りの人にスマホを渡して、自分も一団の中に入って、はい、チーズ……なんて人もいたりして、ほとんど「町のスター」状態である。マス広告のような伝播力はないかもしれないけれど、こうした限定されたエリアでの認知度向上を目的とするならば、

1日歩き回るので、ちんどん屋には体力が必須。「おおらかな人が向いている」と永田さん。

どこにいっても大人気なちんどん屋。ビルから出てきて写真を撮影する人も多い。

確かに貢献度は高いかもしれない。

とはいえ、そんなちんどん屋にも、苦手なエリアや時期が存在する。たとえば街頭ビジョンや宣伝カー、街頭演説などで常に情報が飽和状態の渋谷や新宿などは、通行人が「心を閉ざしている」ため向かないエリアなのだとか。

また、時期でいうと4～5月の初夏や、9～10月の初秋は実は注意が必要な時期だという。気候のせいで楽器がよく響くので「ついつい調子に乗ってバリバリ演奏してしまう」のだが、過ごしやすい季節なので住宅やオフィスで窓を開けて風を通している人が多いため、騒音苦情で110番通報される可能性が上がるからだ。言われてみるとなるほど、という感じである。冷房がフル稼働の真夏は窓を閉めるので、意外にもあまり影響はないという。なお、雨の日も一見向いてなさそうに思えるが、「同情を買われるので気が楽（笑）」とのことでした。

ちなみに、どんな人がちんどん屋に向いているのかというと、まずは体力。なにより、「ポジティブにものを表現できる」ことが大事と永田さん。また、想定外の事態（いろいろなトラブルもある）が多いため、臨機応変に対応できる、おおらかな人が向いているとのことだった。興味ある人は参考にしてください。

ところで、永田さんは商売ではなく趣味でちんどん屋をやっているようなアマチュアが増えている問題も指摘する。要するにボランティア価格で仕事を引き受けてしまうことが業界全体のダンピングにつながるという構図だ。プロになるのは難しい商売だが、免許や資格がないためアマチュアの参入障壁は低い。結局はパフォーマンスのクオリティーで違いを見せていくしかないのだが、効果測定がしにくい職業だけに、なかなか難しい問題のようである。

ちんどん屋はエンターテインメント

「クライアントから、次の依頼を受けたときに達成感を感じる」とちんどん屋の魅力を語る永田さん。「いまは毎日ちんどん屋のことを考えている」という美香さんは、ちんどん屋を「天職」ときっぱりと言い切る（ちなみに、美香さんは毎年富山県で開催されているちんどん屋のパフォーマンスを競う「全日本チンドンコンクール」で3連覇を達成している）。

ちんどん屋の未来については、「細く長く残っていくんじゃないかと思う」と永田さんは予想する。「ネット全盛の時代で、こっちから乗り込んでいく〝ライブ〟なちんどん屋は若い人にもすごいインパクトを与えると思う。インパクトを与えるということにおいて、我々の生き残っていく可能性は常にあると思う」と見通しは明るい。確かに後継者問題など、内部的な深刻な課題は横たわっているようだけど、年配層にはノスタルジーを感じさせ、若年層には新鮮に映り、今後ますます増加するであろう外国人観光客にも喜ばれる（はず）……など、好材料が多いこともまた、確かではある。

どんなに忙しくても、思わず吸い寄せられずにはいられない鉦の音。スマホのカメラを起動して、SNSで発信せずにはいられない異彩を放ちまくりのビジュアル。穏やかな昼下がりの午後の空気をも一変させる、類まれなパワー。

ちんどん屋とは広告媒体の一形態であると同時に、落語や歌舞伎と同じような伝統芸能の一種でもあり、神出鬼没のエンターテインメントでもあるのだ。

第8章

氷屋

［DATA］

名　　称：目白　外口氷室

住　　所：東京都豊島区目白2-16-21

営業時間：7時30分〜21時

定 休 日：5月〜10月（無休）、11月〜4月（日曜）

目の前で、小さな子どもの背丈ほどもあろうかという大きな刃が超高速で回転している。刃の前には、同じように巨大な氷のかたまり。氷は、キーンと金属音を響かせながら回る刃に吸い込まれ、まるで柔らかいチーズのようにすっぱりときれいに両断される。その作業が二度、三度と繰り返され、巨大な氷はみるみる小さくなっていき、最後にはスーパーの買い物袋ほどのビニールに収められ、冷凍庫の中へと送られていく……。

ここは池袋の駅からほど近い、目白の「氷」販売店、外口氷室《そとぐちひょうしつ》。

昭和10年に創業（！）という、おそらく全国でも屈指の長い歴史を持つ老舗だ。

見るからに重そうな氷をすいすいとリズミカルに削っているのは、現在の同店の主人・外口文祥《のりよし》さん、75歳。氷メーカーから送られてきた巨大な氷のかたまりを、クライアントである飲食店のニーズに合わせて専用の電動のこぎりで細かく削っているのだ。文祥さんが氷を削り、奥さんがちゃっ、ちゃっとテンポよくビニール袋に詰めていく。夫婦ならではの息の合ったコンビネーションである。

「氷はこの大きな一本が135キロ。（ビニール一袋分の）一貫目は3・75キロだけど、やや多めにしているから、実際は4キロ弱はあるんです。この一本のかたまりをこうやって分割して……」

そう取材のあいさつもそこそこに、訪れるなりすぐ説明を交えながら実演してくれる文祥さん。可能なら、作業風景を撮影させていただけるようお願いしようと考えていただけに、願ってもない展開に興奮しつつ、カメラを構える。

一応、撮影の許可を求めると、「隠すところはないよ。氷屋だから、全部透けている(笑)」とギャグを飛ばす。終始笑顔を絶やさないが、やや早口で丁寧に仕事を説明してくれる姿は、いかにも職人という趣だ。

家族で営む街の製氷店

外口氷室や多くの氷屋が扱っているのは、「純氷」と呼ばれる氷だ。

文祥さんの説明や「全国氷雪販売業生活衛生同業組合連合会」のＨＰの解説によれば、水道水や天然水を濾過し、専用のアイス缶に入れて攪拌しながら48時間かけてゆっくり凍らせて作るのだという。硬くて溶けにくく、透明性が高いことが特徴で、「製氷機の氷だと、どうしても柔らかくなってしまい、溶けも早い」と文祥さん。短時間で作られた

JR 池袋駅の徒歩圏内に店を構える外口氷室。「氷」ののぼりがどこか懐かしい。

氷と比べると、どうしても性質に違いは出るそうで、「お宅の氷は違うね、と言われるのはやはり嬉しい」そうだ。仕入れた「純氷」は細かくカットされ、専用の冷凍庫のような小部屋で出荷のときを待つことになる。

仕入れる氷はというと、イレギュラーはあるものの、だいたいは前日にメーカーに注文するのが基本だ。

氷屋の朝は早く、早朝5時半には仕入れた氷が届く。

氷が届いたら、前日にカットしておいた氷を「ぶっかき」状にする。「ぶっかき」とはその名のとおり、一口大の大きさにワイルドに砕かれた氷のこと。居酒屋やバーなんかでよく見る不揃いのやつ、と言えばああ、とうなずく人も多いのではないだろうか。

「ぶっかき」状に砕く作業は文祥さんと奥さんが共同で行う。で、最後に袋詰めするわけだが、この袋をしばる作業は、なんと文祥さんの母親で今夏で100歳（！）という志づさんが担当しているという。つまり夫婦で砕いた氷を、親がまとめるというわけで、取材に同席してくれた志づさんは「使われているというわけじゃなくて、私がやりたいんですよね」と笑う。そして、朝食後と夕方の2回、配達するというのが外口氷室のルーティーンだ。なお、「ぶっかき」以外の種類では、スタンダードな角氷や「ぶっかき」を

専用の道具で巨大な氷のかたまりを持ち上げる文祥さん。
笑顔を絶やさず楽しそうに仕事をする姿が印象的だった。

さらに細かくしたクラッシュアイス、さらにウイスキーなどに使用されるボールアイス……などが代表的なラインアップとなる。

以上のように、氷屋の主な業務というと「カットと配達」となる。

一見シンプルだが、カットするのは一本が135キロという超重量級の氷だし、配達も需要の多い夏にはイレギュラーの注文が加わるわけで、「夏場は一日中、配達しているような感じです」。つまり肉体労働が欠かせない仕事なのであり、やはりそれ相応の体力が必要とされるのだ。

ちなみに文祥さん、氷の需要の落ちる冬場には「炭屋」をやっていたこともあるのだとか。さらに驚いたことに、白衣を着て「大判焼き」を売っていたこともあるといい、志づさんによると「この人（文祥さん）も配達から帰ってきて、白いのを着て売っていました」。最近までは、お歳暮の時期に「デパートの商品の配達」もやっていたという。「二足のわらじ」どころではない、なんともすごいバイタリティーではないですか。タフでなければ氷屋は務まらないのだ。

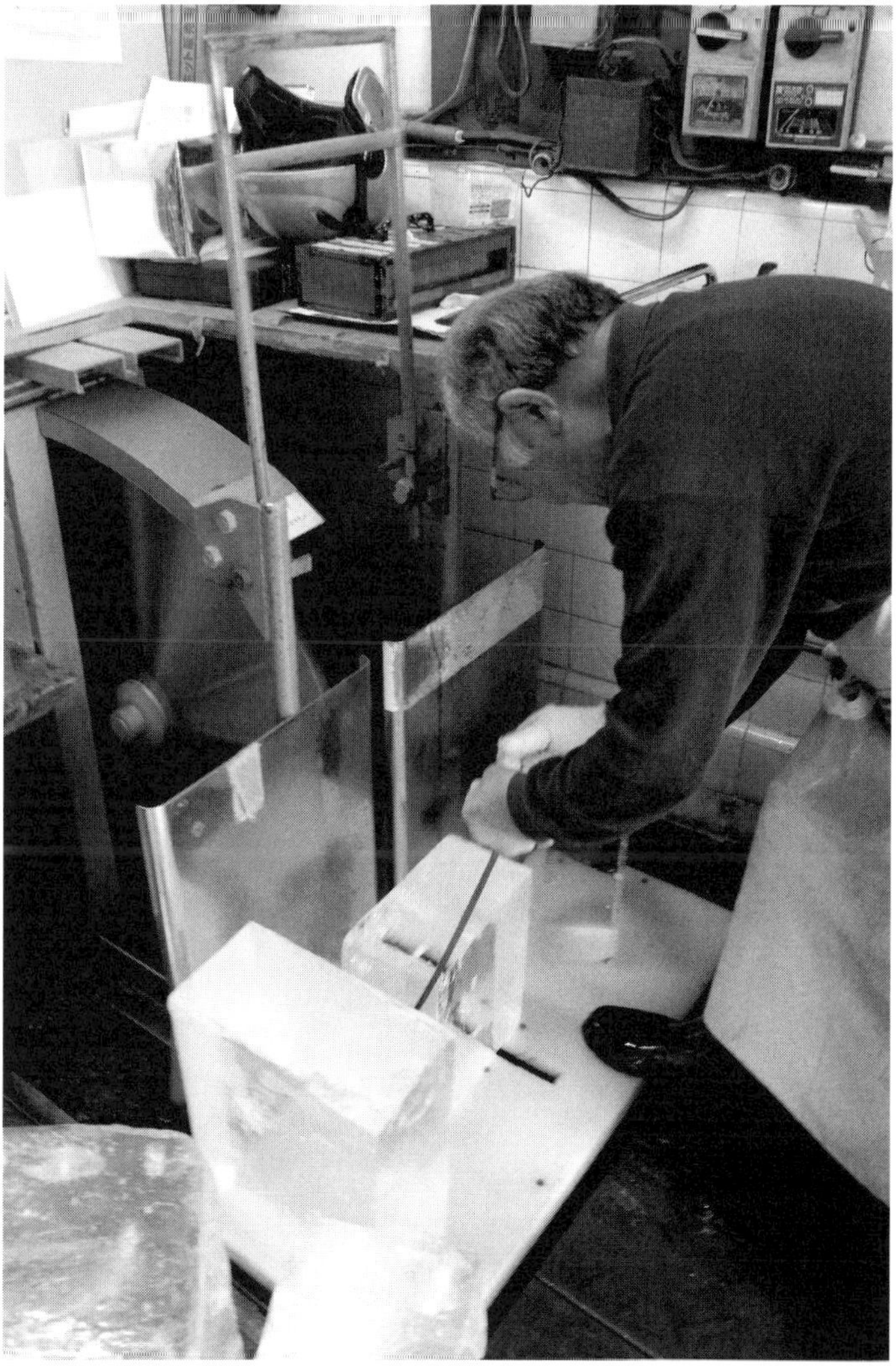

リズミカルに氷をカットしていく文祥さん。作業には熟練の手さばきが光る。

同業者は年々減少

外口氷室は、文祥さんの父親の初代店主が創業した。

当時はリヤカーで氷を配達していたという。といっても、135キロの氷のかたまりを何本も乗せているわけで、おまけに配達エリアは坂が多いから、ひとりで引くのは並の労働量ではない。文祥さんも子どものころ、夏休みになるとリヤカーを後ろから押すなどして手伝いに駆り出されたという。

「夏休みでも遊びに行けなくて、『イヤな家に生まれた』と思っていました（笑）」

当時は今のように店で氷をカットするのではなく、配達した先で専用ののこぎりでギコギコと切っていたそうだ。志づさんによれば、当時はご主人とともに配達にまわっており、文祥さんがお腹の中にいるときも「出産の2ヶ月前まで、のこぎりで氷を切っていた」。志づさんは99歳とは到底思えないハキハキとした口調でさらりと話すが、電動のこぎりも配達用のバンもない時代の氷屋稼業は、おそらくこちらの想像が及ばない、相当の苦労があったことだろう。

なお、戦時下を生き抜いた志づさんは、昭和20年の空襲も経験しており、3歳の文祥さんをおぶって「焼け野原の中を焼夷弾を浴びながら逃げた」。現在、外口氷室として店を構えている目白周辺も「火の海で、このお店もなくなって」、志づさんらは一時実家のある千葉に疎開し、再び現在の場所へ戻ってきて店を再開したと語る。

当時は、冷蔵庫は上段に氷を置いて内側から冷却する「木箱」の時代だったため、一般家庭も大切な顧客だった。氷が溶けないよう、南京袋をシート代わりにかぶせ、新聞を貼るなどして空気に触れさせないようにすることが欠かせなかったという。ちなみに、氷メーカーが氷を運んでくる手段は「馬車」だったそうだ。

志づさんによると、戦後は売りたくても商品である氷がメーカーから思うように入手できない時期もあったとのことで、氷を求めて行列ができる現象も起きたという。中には、冷蔵庫の中を見せろ、と詰め寄る客もいたとかで、ほとんど「米騒動」ならぬ「氷騒動」である。

そして配達手段がリヤカーから軽トラックに変わり、文祥さんが外口氷室を継いだのは昭和36年のこと。文祥さんによれば、そのころは「氷屋の全盛期」で、一般家庭以外ではキャバレー、バーなどのお得意さんに、配達してまわっていた。ピークを迎える前までは、たとえばキャバレーだと、ビールの上から氷をガシャガシャとかけて冷やしていたという。

そんな氷業界も、文祥さんが店を継いだ昭和36年をピークに、徐々に景気が悪化していく。最大の要因は「電気冷蔵庫」の誕生だ。

それまで木製の冷蔵庫の内部を冷やすために必須だった氷は、電気冷蔵庫の普及にともなって「使わない限り、冷蔵庫に入れておけるもの」に変わった。当然、飲食店からの注文は減り、文祥さんは「この商売、先行きがないなと思いました」。

さらに追い打ちをかけたのが、昭和40年ごろに登場した全自動製氷機だ。

「氷業界にはこれまでに二度の〝危機〟がありまして。一度は電気冷蔵庫の登場で、二度目は全自動製氷機の登場です」と文祥さん。これら二度の危機に見舞われて、ピーク時には東京都で1000軒を超える数が存在していた氷屋だが、現在は200軒を割るところまで減少している、という。こうした危機により、一般家庭からの注文は激減し、外口氷室では「いまはゼロ」となっている。

ちなみに、平成27年度の厚生労働省のデータでは、氷雪販売業──いわゆる「氷屋」の施設数は、全国で1722件とされている。平成26年度の時点では1810件だから、1年で90件近く減少している計算だ。さらに、同データによると10年前の16年度末の時

仕事道具ののこぎりを見つめながら、貴重な戦中戦後のお話をしてくれた
外口志づさん。現在もお店で仕事を手伝うなどまだまだ現役。

点から1028件の減少ということで、数字を見る限りではさすがに明るい未来は想像しづらい。外口氷室でも、売り上げは「ピーク時の半分以下になりました」。

とはいえ、個々の店舗に絞ってみてみると、競合他社が廃業していったぶん残った店舗に需要が集中するため、注文量は減っているものの、顧客数自体は意外にもあまり変わらないのだとか。主な顧客はバーやスナック、クラブ、居酒屋。インターネットで知り、発注してくる新規客も増えているといい、「3年ぐらい前から、再び軌道にのってきました」と文祥さんは笑顔もみせる。

「このごろ、また面白くなってきたんです」

現在75歳の文祥さんは、3年前、脳梗塞で倒れる事態に陥ったこともあり、「体力的に、そろそろやめなきゃ、という時代に入ってきました」と近年は自身の〝引き際〟を考えるようになった。

子どもたちはすでにそれぞれの道を歩んでいるため、後を継がせる気はない。

となると店を畳むしかないが、とはいえ、脳梗塞で倒れたときには、顧客から切実な思いも聞いた。

「困るよー、倒れないでよー、と言われて。そのときに『ああ、困るんだ』と改めて気がつきました。時代遅れの商売のようだけど、待っていてくれるお客さんがいる。このごろ、逆にまた面白くなってきたんです」

加えて、店が再び軌道に乗りつつあるという現状もある。それゆえ、今後の氷屋稼業の行く末には頭を悩ませているという。

後継者の問題は、なにも外口氷室に限った話ではない。なにしろ先のデータからも分かるように、店舗数がどんどん減少している商売なのだ。

文祥さんは、経営能力のある人材が氷屋各店をまとめるといったような、既存の店舗が協力し合う新しいビジネスの形も、氷屋がサバイブしていくためのひとつの可能性として口にする。「昔の酒屋さんが『カクヤス』になって細かい配達をしているように、氷屋もああいう仕組みにできないのかなと」。時代の流れとともに、氷屋の形もまた、変わっていくのかもしれない。

かように厳しい側面もみせる氷屋業界だが、楽しそうに氷をカットする文祥さんの姿をみつめていると、そこに悲壮感のようなものはあまり感じられない。たぶん、ご本人の飄々とした明るい語り口とキャラクターが、そう思わせるのかもしれない。

そういえば取材中、ふと、指にテーピングを施しているのが目に入ったので聞いてみると、2週間前に作業中に負った傷だという。

うーん、やっぱり大変ですねえ……と水を向けると、「アイスマンだから」と文祥さん。一瞬頭が？マークでいっぱいになったが、これは「(氷を）愛し（アイス）ているから」という「氷屋3大ダジャレ」のひとつであった……。

「アイスマン」というとなんだか冷たいクールな姿を想像してしまうけれど、「目白のアイスマン」はどこまでも明るい職人だったのである。ちなみに、残りのふたつは「氷はまいった（これはまいった)」「もう氷ごりだ（こりごりだ)」だそうです。

第9章

名曲喫茶

［DATA］
名　称：BAROQUE
住　所：東京都武蔵野市吉祥寺本町1-31-3
営業時間：12時〜22時
定休日：火、水曜日

薄暗く、全体に暖かみのあるオレンジ色がかったクラシカルな店内に、レコードのプチプチというノイズとともに大音量で荘厳なクラシック音楽が高らかに響きわたっている。店外の喧騒とは切り離され、普通の喫茶店では当たり前に聞こえてくるはずの客同士の会話は皆無。その〝音楽以外〟の静けさが、一層その場を流れる音楽の支配感を際立たせる。着座する客にできることは、ただ音楽に耳を傾け、場の空気に身を委ねるのみ。外界から隔離されたような、その異彩を放ちまくりの空間では、座っているだけでどこか別の場所に運ばれてしまったような気さえする。ほとんど異界に足を踏み入れたような感覚だ。それが、創業から44年を数える老舗名曲喫茶「ＢＡＲＯＱＵＥ（バロック）」に初めて足を踏み入れたときの印象だった。

〝近鉄裏〟の老舗名曲喫茶

名曲喫茶（後述するが、「バロック」では先代のポリシーからあえて「名曲喫茶」とは言わず「音楽鑑賞店」を名乗っている）とは、その名が示すとおりクラシック音楽が流れる喫茶店だ。それだけだといわゆる普通の喫茶店と同じだが、そこに「名曲」の文字が付くと、その性質はガラリと異なった姿に変わる。まるで宗教的な儀式のように黙って耳を傾ける客と、威圧感すら覚えるほどの熱量で飛び込んでくるベートーヴェンやモーツァルトなどの数々の名曲。淹れたての本格的なコーヒー。薄暗い店内には存在感抜群の巨大なスピーカーがドンと設置され、訪れる者は「ここは普通の喫茶店ではない」という思いを抱かせられることになる。

もし自分が誰かに名曲喫茶について説明しろと言われたら、おそらくそんな特徴を挙げるだろうが、それはそのまま、「バロック」の説明に当てはまるかもしれない。

「バロック」の創業は昭和49年の12月。現オーナーの中村幸子さんのご主人である故・中村数一さんが、吉祥寺の近鉄百貨店（現・ヨドバシ吉祥寺）の裏側、通称「近鉄裏」にたたずむビルの2階に開店した。ちなみに同じビルの隣には、有名な老舗ジャズ喫茶「Meg」がある。

音楽好きの両親のもとで育ち、自身も音楽に対して真摯であり続けた数一さんは53歳のときに病気で亡くなったが、数一さんが残した「私語禁止」ルールに表される意志は今も受け継がれたままだ。

ヨドバシカメラ・吉祥寺店の裏の、小さな飲み屋が密集するエリアにある「バロック」。店には緑に囲まれた味のある階段を登っていく。

数一さんの死後、専門的な知識に乏しい幸子さんは一時は本気で店を閉めようと考えていた（そして実際に3カ月ほど店を閉じていた）が、「バロック」を愛する常連客たちから「（スピーカーの）片方からしか音が出なくなるまでは」と懇請され、再開を決意。以来、76歳の現在まで20年以上にわたって営業を続けている。

「うちは決して名曲喫茶じゃない」

世間でイメージされている〝お洒落な吉祥寺〟とはかけ離れた、風俗店やスナック、個人経営の居酒屋などがひしめく猥雑な一帯を通り抜けると、そこに「バロック」はある。狭い階段を2階へ上がると、ドアの前に門番のようにたたずむ植物と、白い看板。ドアの横には、なぜかバラバラのフォントで「音楽鑑賞店の為お話はできません」と書かれた注意書きが掛けられている。

20人も座れば一杯になるほどの、お世辞にも広いとは言えない店内のそこかしこには、絵画や像などのオブジェ、そして幸子さんが丹念に活けた花が飾られ、荘厳な雰囲気に

バロックの店内。スピーカーの方を向いている椅子が名曲喫茶ならでは。

華を添える。

店の奥には、かかる曲によって使い分けるというヴァイタヴォックスとタンノイのスピーカー。上には蓄音機が置かれ、ノスタルジックな雰囲気を醸し出している。スピーカーの左手には、レコードをかけるプレーヤーと、数一さんが「半年から1年かけて作った」という真空管アンプが所蔵されている小部屋がある。小部屋とメインフロアを仕切るガラスには「演奏中」の曲が収められたレコードのジャケットと、レコードのタイトルが手書きで表示されたボード。床にはえんじ色のカーペットが敷かれ、席は奥のスピーカーを向くように設置されており、客（聴衆）は否が応でも音と向き合うことを意識することになる。

「バロック」では「私語禁止」がルールだが、とはいえ名曲喫茶は必ずしもこれが当てはまるわけではない。たとえば1926年創業という渋谷の老舗「名曲喫茶ライオン」では大声で会話する人はさすがにいないが、ひそひそ声で話すカップル客はよく見かけるし、同じく老舗の新宿の名曲喫茶「らんぶる」などでは音楽は通常の喫茶店と同じぐらいのボリュームで控えめにかかる程度であり、会話を楽しむ客の姿が目立つ。そのあたりのスタンスは店によってそれぞれだ。

レコードの一部や数一さんが残した真空管アンプなどが収められている小部屋。

「バロック」が私語禁止というルールを採用しているのは、「会話は音楽に向き合っている人にはジャマ」という考えによるもので、そこには「リクエストした曲がかかったときは、真摯に音楽に向き合ってほしい」という数一さんの思いが込められている。

店では音楽関係の雑誌や書籍を数多くそろえているが、「バサバサという音がするから」という理由で、新聞類は置いていない。こぼれると食器がガチャガチャと鳴るので、食べ物も提供しないという徹底ぶりだ。

といっても幸子さん自身はけっして気難しい人柄ではなく、頃合いをみて曲のリクエストを聞きにまわるし、気さくに常連さんと入り口で会話を交わすこともある（「私語禁止」についても「本当はお話できるお店にしないと採算が取れない」と苦笑して明かしていた）。「名曲喫茶」というカテゴライズについても、「うちは決して名曲喫茶じゃないぞ、と。雑音もそのまま出しているし、きれいな音じゃないから」とにこやかに笑う。明るく気取りのない幸子さんの人柄も、常連客に愛されるお店のひとつのファクターなのかもしれない。

客層は常連客、特に一人客が多いが、幸子さんと同年代の夫婦が来店することも多い。食べ物のメニューはなくとももちろんそこは喫茶店なので、コーヒーはブレンドからブ

カウンターの中でコーヒーを淹れる幸子さん。

バロックのコーヒー。ブレンドからブルーマウンテンまでいろいろ。

ルーマウンテンまでいろいろと選べる。

美味しいコーヒーの秘訣は、「お水のせいじゃないかしら」といい、なんでもNASA（あの宇宙開発のNASAです）が宇宙船に積み込んでいたのと同じ浄水システムで濾過した水を使用しているのだとか。ブレンドとブルマンは実は200円しか変わらないのだが、「（高い）ブルーマウンテンを頼まれると、『お店に気を遣っているんじゃないかしら』と思っちゃって、『ブレンドでもいいですよ』って言ったりしちゃうんだけど」となんとも微笑ましい。

ちなみに、コーヒー以外では紅茶やココア、ミルクや、店で果実を絞って作るフレッシュなオレンジジュースなどがあり、追加で注文するとオレンジジュースとブルーマウンテンは半額、ほかはすべて4分の1の値段となりリーズナブルに楽しめる。

創業から44年を数え、いよいよ50年の〝大台〟も視野に入ってきたが、いったいなぜこれほど長い期間、営業を続けてこられたのだろうか。そのあたりを聞いてみると、幸子さんは「私に商売っ気がないから（笑）」と屈託がない。

お店は平日は15人ほどの客足で、土日になると20人に増える。はたしてそれで商売として成り立っているのかというと、実は収支は赤字続き。そもそも創業したころは、すでに名曲喫茶という形態そのものが行き詰まっていた時代だといい、「いろんなお店が閉め出したころだったけど、（数一さんが）おっちょこちょいでオープンしちゃった」。

売り上げはマイナスで、今は「私の年金をつぎ込んでやっている状態」だが、「今のままを守ることはできるかな」とにこやかに微笑む。ときには知人から「商売替えしたら？」と忠告を受けたりもしたが、それでもなお店を続けてきたのは、それはこの店が、亡くなった数一さんの意思そのものだからなのかもしれない。

名曲喫茶という異界

取材を終えた平日の昼下がり、改めて空いている店内の中からスピーカーにほど近い席を選んで座ってみる。

スピーカーから流れてくるのは、ベートーヴェンの交響曲やブラームスのバイオリン協奏曲。視界の端には、幸子さんが次のレコードを用意している姿がみえる。後ろを振り向くと、大学教授風の男性客がノートを広げて何か書き物をしており、その隣の席では眼鏡をかけた男性客が美術雑誌を読んでいる。

ゆっくりとコーヒーを飲み、再びスピーカーを見つめ、音楽に耳を傾ける。もはやそのころには、はじめて足を踏み入れたときに覚えた威圧感はどこかへ霧消しており、あとには心地よいクラシックの音と、それを聞く自分だけが残されている。名曲喫茶とは、俗世でのあらゆる悩みや予定は雑駁物として思考の彼方へと消える、ただ自分一人と向きあえる場所でもあるのだ。

レコードが聴きたければ家でゆっくりと聴けばいいし、大音量で極上のクラシックを堪能したければコンサートホールへ足を向ければいい。

だが、それでもなお人々が名曲喫茶に通い、数百円のコーヒー代を払ってまで音楽に耳を傾けるのはなぜだろうか。

大学生やカップルのうるさい会話や、ましてや立て板に水のマルチの勧誘トークなんて絶対に聞こえてこない、重厚で、閉ざされた空間。ひょっとすると、人々は名曲喫茶のもつそうした非日常性に「異界」を感じ、その異界性にどうしようもなく惹きつけられてしまうのかもしれない。

ここではベートーヴェンやモーツァルトが異界へのパスポートなのだ。

第 10 章
質 屋

［DATA］
名　　称：三川屋質店
住　　所：東京都江東区白河1－7－15
営業時間：9時～19時30分
定 休 日：毎月7日、17日、27日

道を歩いていると、路上に並ぶ電柱に、しばしば店への道順を示す広告を見かけることがある。「この先すぐ」とか「前方の角を左」とか、そういうやつ。おそらく、これまでにこうした電柱広告を一度も見たことがない、という人はほとんどいないだろう。そう、「質屋」の広告だ。

質屋とはどのような商売なのか、いまさら説明の必要はないだろう。一応簡単に述べておくと、お客は貴金属品やブランド品などの〝質草〟を担保に、お金を借りる。決められた期間内にお金を返せば預けた質草は戻ってくるし、返せなければ「流れて」しまう。シンプルに言ってしまえば、それだけ。お金を貸すだけではなく、物品の「買い取り」も行う質屋も多いが、いずれにせよ質屋のシステムとは「品物に見合ったお金を出す」ことであり、それがすべてだ。単純明快、ややこしい要素はなにもない。

読者の中で、いったいどれぐらいの人が質屋を利用したことがあるのだろうか。おそらくあまり多くはないと想像する。今回の取材にあたって、何人か周囲の人間に聞いてみたが、やはり「質屋経験」のある人は、ひとりもいなかった。存在は知っているけど、実はよく知らない仕事。昔から街にあり続けながら、人によってはもしかしたら一生涯、その店内に足を踏み入れることがない、近くて遠い場所。質屋とは、どこかミステリアスな存在なのだ。

5代続く老舗の質店

東京は江東区、東京メトロ清澄白河駅のすぐそば。

この地には、明治時代から5代にわたって商いを続けている老舗質店がある。

今回は東京質屋協同組合の方々にご尽力いただき、ここ「三川屋質店」の5代目ご主人・加藤与四夫さんと、今回の取材で橋渡し役を務めていただいた東京質屋協同組合・広報事業部の編集長であり、東京・大久保「アイカワ質店」の相川丈さんにお話をうかがった。加藤さんによると、質屋の黄金期は戦後の20年間、昭和30〜40年代。「とにかく品物が不足していたから、何でも値段になった」。戦後に爆発的に増加し、当時は全国に約2万軒もの質屋が存在していたという。

そしてもうひとつのピークが、大方の想像通り、バブルのあとである。

「バブルの後に、ブランド品ブームというのがきたんです。猫も杓子も、ルイ・ヴィト

質屋に道案内の看板は欠かせません。むかしは裏通りにあるのが一般的だったという。

ンだ、ロレックスだ、という感じで」と相川さん。それが平成30年の今では、質屋は2000軒台にまで落ち込んでいる。つまりこの50年ほどの間に、ピーク時の10分の1近くまで数を減らしたわけだ（警視庁が公表している「平成29年中における古物営業・質屋営業の概況」によると、平成29年の質屋営業の許可件数は2865件。前年比では86件の減少となっている）。

相川さんによれば減少の背景には、ひとつには「後継者問題」があるという。また、質屋の場合はさらに〝質草〟を保管するための「蔵」を所持する必要もあり、新規参入のハードルが高いという事情もある。さらに、預かる質草のバラエティーがかつてより乏しくなったことも大きい。大量生産による安価な商品が全盛のこの時代、質草の条件を満たすような高額な商品を持ち込む人が減っているわけだ。

「昔は洋服や和服なども質草として扱ったんですが、今は担保価値がないので、扱わないんです。預けてから引き取るまでの期間も、長期化する傾向にありますね」と加藤さん。加えて、リサイクルショップの台頭や、メルカリやヤフオクなどのネットサービスの台頭も無視できない。質屋のライバルは今やスマホ画面の中に潜んでいるのだ。

入口の門が立派な三川屋質店。ザ・質屋といった趣だ。白いのれんがいい感じ。

「空襲でも焼けなかった」蔵

三川屋質店の歴史は、明治時代に初代店主がこの地に開業したことにはじまった。入り口には「三川屋」と染められたのれんがはためいており、いかにも昭和の質屋、という店構えだ。

そして質屋といえば、なにより重要なのが蔵である。特別に見学させていただくと、中は薄暗く、ひんやりと涼しい。イメージしていたよりも広く、8畳以上はあるだろう。上は3階まで、下は地下1階まであり、全体に重厚な雰囲気が漂っている。

三川屋質店の蔵は築80年と古いが、頑丈で「空襲でも焼けなかった」という。ちなみに、蔵は質屋営業法という法律によって厳格にその基準が定められており、東京都の場合は壁の厚さから鉄格子のすき間の幅まで決められている。基準は都道府県で異なるが、東京の場合はとくに厳しく、なんとねずみの侵入を防ぐための「ねずみ返し」も必須なんだという。「板にブリキを貼って、置いておくんです。昔の質草は衣類が多くて、ネズミが食ったら大変だったからね」。

三川屋質店の店内。柵付きのカウンターを通じて質草やお金のやりとりをする。

蔵の中の扉。何重にもなっているのがお分かりだろうか。
寸法などは都道府県で異なる基準が設けられている。

さらに湿気を防ぐため、内部には木を張る必要もあったり……と、とにかく並大抵ではない苦労とコストがかかっているのである。もっとも、相川さんによれば「地方に行くと、金庫一個で大丈夫、というところもあります（笑）」とのことで、このあたりはやはりカネとモノが集まる東京ならではの事情なのかもしれないが。

質屋は許可営業制なので、開業するための資格は不要だが、申請して許可証を得る必要はある。とうぜん、許可する警視庁の方でも身元を調べるわけで、加藤さんによると「前科があるかないか、とかね。『ご評判はいかがですか』とか、近所に聞き取りにきたり。とにかく、変な人には開業させない、ということですね」とのこと。信用商売ならではの裏事情である。

さて、質屋の仕事はというと、冒頭でも述べたように「質草を持ってきたお客にお金を貸す」ことに尽きる。一見シンプルに思えるが、そこにはさまざまなスキルや知見が必要とされる。たとえば、査定。お客が貸したお金を返せない場合、質入れされた質草はのちのち競売にかけられることになるのだが、競売時の売価がお客に貸した金額を上回っていないと利益はあがらないので、そのあたりの見極めが重要になるのだ。「たとえば同じ10万円のバッグでも、新品から中古まで程度の幅は大きいですよね。だから程度がAランクなのかBランクなのか、塩梅を判断してお金を貸すんです。10万円のバッグでも、程度Bで半値ぐらいでしか売れなさそうだったら、3万円ぐらいで預かっておこう、とかね」と相川さんは内情を説明する。

査定にかかる時間は「5分ほど」と超スピード判断。「持ち込まれたその場で見るんです。延々と見ているわけにいかないから、5分ぐらいで見る。隅がすれていないか、中がベタベタしないか、とチェックするポイントがあるんです」と加藤さん。査定の速さは質屋の強みで、「リサイクルショップに行くと1時間ぐらい待たされることもありますからね。お客さんに『なんでこんなに速いんですか』って言われることもあります（笑）」と相川さんはいう。ときには値踏みに自信のないリサイクルショップの店員が相談にくることもあるそうだ。

質屋の仕事には「質入れ」のほかに「買い取り」もあって、どちらも行うケースもあれば、質入れしか対応しない、というケースもあり、店ごとに異なる。たとえば相川さんの「アイカワ質店」では質入れと買い取りは8対2の割合で、質入れに力を入れている。「三川屋質店」も「質入ればかりですね」とのことである。

質入れと買い取りのどちらが質屋的にはうれしいのか、というと、それはもちろん質入れ、と加藤さんと相川さんは声をそろえる。「利息で稼ぐ」のが質屋の原則なのだ。

利息は、質屋営業法で定められている範囲内で、店ごとに質草の価格を勘案しながら設定しており一概には言えないが、貸す金額が高い質草ほど、利息は低くなるようだ。もちろん、利息を払い続けている間は質は流れないので、加藤さんによると「お客さんの中には、何年も質に入れている人もいますよ。もちろんその間は利息を払っています。お客さんも、サラ金とかで借りるよりは質屋の方が安心だと言って（笑）」。中には、家に置いておくよりも安心だということで「金庫代わり」に質預けするお客もいるんだそうな。まあ、たしかに頑丈な蔵で預かってもらった方が火事で焼ける心配もしなくてすむし、安全かもしれないけれど。こうなるとほとんどトランクルーム感覚だ。

どんなものが持ち込まれるか？

ところで、質屋のお客にはどんな人が多いのかというと、それは「1週間ぐらいで出す人」で、「ちょっとお金が足りなくなったから貸してよ、という感じですね」と加藤さん。常連、そしてシニア層が多くを占めるという。ただ、若い客ももちろんいて、持ち込むのはブランド品のバッグ、それもルイ・ヴィトンやCOACHなど、高すぎないモノ（決して安くはないけど）だ。お話を聞いていて面白かったのが、意外にもエルメスは対象外ということ。加藤さんによれば「たまに20歳ぐらいの人が『預かってもらえますか』って持ってくるけど、断っちゃいます。コピーとか盗品とかのリスクがありますから」。安すぎても質草にならないが、高すぎてもダメなのだ。相川さんは「質屋さんは品物も見るけど、人物も見ます。若さに似つかわしくない高級品を持っていたり、自分のものではなさそうなものを持っていたり……とか」。なお偽物で一番多いのは「高級時計」だそうで、「プロ中のプロが見ても間違っちゃうこともある」らしい。

また、家電製品も避ける場合が多い。一見しただけでは分からないレベルの故障がある可能性が潜んでいるからだ。もっとも、相川さんによると、昔に比べれば、テレビなどが質草として持ち込まれる機会は減っているのだとか。「昔は32インチの液晶テレビを持ってくる人もいました。質屋では『テレビを持ってくるのは〝最終手段〟の人だから、絶対流れる』と言われているんです。だって、家にテレビがないと寂しいじゃないですか。それを持ってくるぐらいお金に困っているんだから、流れる率は高いよ、というわけですね。今で言えば、携帯電話を預けるようなものでしょうか」。

質屋は世相を映す鏡、ともいう。それは質草を通して、その時代の特徴がみえるからだ。たとえば現代なら、iPhoneを預かることはあっても、アンティークならともかく、中古のビデオデッキやブラウン管のテレビは預かれない。「時代の変化と質草はリンクしているんです」と相川さんが言うように、蔵は100年前から変わらなくても、中の品物は変化していくのである。ちなみに、加藤さんによるとこれまでで一番面白かった質草は「火縄銃」とのことで、そのときはちゃんとお金を貸してあげたそうです。

質屋がなくなることはない

20年近く前、都内に700軒以上が存在していた質屋は、いまでは400軒を切るまでに落ち込んでいる。数字をみれば、斜陽といって差し支えない業界だ。それでも、質屋がなくなることはない、と相川さんはいう。『モノを預けてお金を借りる』という形態がなくなることはないと思います。店の数は少なくなってしまうかもしれませんが、

バラエティー豊かな質草のラインアップ。三川屋質店では、
加藤さんの趣味で美術品が多く集まるという。

ある程度の数まで下がったら、あとは止まるんじゃないかと予測はしています。絶滅はない、と思います」。

厳しい状況に置かれている質屋だが、それでも続けているのは、やはり接客が楽しいからだと2人はいう。それに、日常の生活の中ではなかなか見られない逸品（珍品？）を見ることができるのも魅力なのだ。「いろんな珍しいものが見られることが面白いんです。屏風なんか持ってくる人もいて（笑）。つい先日も、螺鈿の入ったパイプを預かったり」と加藤さん。集まる品物には、店主の趣味が反映されることもあるようで、たとえば時計が好きな店主の店には時計が、カメラ好きならカメラが集まる。三川屋質店の場合は、加藤さんの趣味で美術品が多く集まるそうで、好きなモノに触れる機会の多い仕事というのは、たしかになかなか楽しそうである。

ところで、冒頭でふれた電柱広告について。なぜ電柱広告を利用する質屋が多いのか？「昔からの伝統ですね。むかしは人の目をさけるため、『商店街の端の裏通り』が質屋の常識的な立地だったんです。同じ町内の人がいっぱいきているから、お客同士、顔を鉢合わせたくないという思いがあったんですね。入り口と出口を別にしていたぐらいですから」とのことでした。

第 11 章

ストリップ劇場

〔DATA〕

名　称：浅草ロック座

住　所：東京都台東区浅草2-10-12

営業時間：開場12時、開演13時／終演22時40分

定休日：年中無休

薄暗いステージの上に、狐のお面を被った白無垢姿の女性が立っている。左右には、提灯をもった従者の列。雨が降っているのだろうか、従者の着物には細かな光の線が現れては消え、どこからか雨音まで聞こえてくる。先ほどまで手拍子やBGMでにぎやかだった場内もいまはシンと静まり返り、誰もが花道を歩く一行から目が離せない。やがて従者はどこかへ消え、ひときわ明るいスポットライトが素顔をさらした女性を照らす。突如ミラーボールがまわりはじめ、女性はゆっくりと身にまとう着物を脱いでいく……。演目は「狐の嫁入り」。衣装と照明、音響、そして演者のたたずまいが作り上げる、圧巻のステージだ。

目の前で行われているのは演劇でも、歌舞伎でも、ミュージカルでもない。ここは浅草、第六区。日本のストリップの殿堂とされる「浅草ロック座」である。

最古で最後のストリップ劇場

かつて「浅草の女帝」として名を馳せた浅草ロック座名誉会長、故・齋藤智恵子さんの自伝『伝説の女傑 浅草ロック座の母』によれば、「浅草ロック座」は1947年8月15日、終戦からちょうど2年目にオープンした。現在は創業71年目という、日本のストリップ史において最古の歴史を誇る老舗中の老舗である。

同著によれば、日本初のストリップショーが行われたのはロック座ではなく、新宿の「帝都座五階劇場」だったという。そこで行われた、額縁を使用した〝額縁ショウ〟が大反響を呼び、日本初のストリップ専用劇場を作ろうという動きが始動。浅草寺西側の区画「六区」に木造2階建て、客席数は472席という巨大ストリップ劇場「浅草ロック座」が誕生した――ということだ。

その後、近隣にはビートたけしが下積みをしていたことで有名な「浅草フランス座」（現・浅草演芸ホール）をはじめ、次々とストリップ劇場が作られていき、界隈は一大〝聖地〟になる。今回取材に対応していただいた、浅草ロック座制作部の北村友一さんによると、「ピーク時には全国に約300軒のストリップ劇場があったとも言われています」。

だが、現在国内に存在するストリップ劇場は20数軒にまで減少。浅草エリアでは、ロック座が最古にして最後のストリップ劇場となった……。なお、浅草ロック座は1985年に、木造だったビルを8階建ての鉄筋コンクリート造りにリニューアルし、外観、内

浅草寺からも近いロック座。ビルはポップな「ROCKZA」の文字が目立つ。

装はもちろん、凝った照明、重厚な音響がウリの現在の形に生まれ変わっている。

ストリップ劇場というと、場末や退廃的な雰囲気ただよう歓楽街の中にあるイメージだが、浅草ロック座の近隣にはカフェや土産物屋、落語の寄席などが並び、そこにはあまりストリップから連想されるような卑俗さや淫靡さというものは感じられない。

劇場ビルの中央にはカラフルでポップな「ROCKZA」の文字が並び、目の前の大通りは、買い物帰りのおばあちゃんや子連れの家族、自転車の女子高生などが外国人観光客に交じって通り過ぎていく。入り口には、味のある書体の「ファッションヌードシアター　ロック座」の看板があり、カラフルな公演記念の花があり、料金表があり、踊り子たちのポスターがある。奥にはステージのある2階へ続く薄暗い階段があり、このあたりまでくるとようやく、うっすらとストリップ劇場特有の空気が感じられるようになる。

階段を上り2階へ着くと、料金を払う受付が現れる。

入場料を払ってフロアへ進むと、そこはグッズや写真集を販売する一角があり、奥には簡単な食事やアルコールを売るバーがある。ここで腹ごしらえや一服しつつ、複数回を楽しむ気合いの入った常連もいるのだという。フロア中央には踊り子たちのステージ写真が飾られたスペースがあり、場内とフロアをつなぐドアがある。このドアの脇には

ロック座の入口ではグッズも販売。

ロック座の店内にはショー写真が貼られた一角や、奥に行くと飲食できるバースペースも！

「香盤表《こうばんひょう》」が貼られており、ここでその日のプログラムを確認することができる。

場内に入り、薄暗い客席で開演を待つ。平日の午後1時からという早い時間帯にも関わらず、130ほどの客席はすでに7割がた埋まっている。座席を占める多くは当初のイメージ通り50〜60代の男性客だが、意外にも1人できている若いおしゃれな女の子や、20〜30代のカップルも数組いて面白い。女性の1人客はてっきり勉強にきた同業者だろうと思っていたら、そうではなく「漫画を描いていたり絵を描いていたり、何かしらクリエイティブなことをやっている子がお客には多いようです」と北村さん。女性客の増加は2016年ごろからの傾向だそうで、女性ファンの多い人気AV女優が引退時にロック座に出演したことが間口を広げたのだという。

さて、後方の扉が閉まると、いよいよショーの幕開けだ。簡単な口上がアナウンスされ、まずはこの日出演する踊り子全員がカラフルな衣装に身を包んで登場する。

この日のプログラムは、ラストのフィナーレを含めて8つのステージである。

「天国と地獄」のメロディーに合わせた、陽気な〝フレンチカンカン〟のダンスに始まり、幻想的なプロジェクションマッピングを存分に駆使しつつアメリカインディアンの衣装と踊りを再現した「パウワウ」、ロシア民謡の「カリンカ」、そして「中国古典舞踊」

と続き、途中で10分の休憩をはさんで「ホーリー祭」「アフリカンダンス」「狐の嫁入り」……と、世界各国の伝統や祭りをモチーフにしたバラエティに富んだショーが、文字通り色彩豊かに繰り広げられる。ちなみに、ショーは始めの20日間を前半、残りの20日間を後半として、その40日で1セット。テーマは40日間同じだが、前後半では違う踊り子たちが出演する形になっている。

ひとつのステージはおおむね10分ほど。その限られた時間のなかで、流れる音楽に合わせてときに激しく、ときに優雅に四肢を舞わせる。やがて踊り子は「移動盆」と呼ばれる動く円形の舞台装置に乗って花道を進み、「前盆」と呼ばれる舞台中央へ。気づけば衣装はすっかりはだけ、全身にスポットライトを浴びながら、うっすらと笑顔を浮かべたまま手足を妖艶に伸ばし、鍛えあげられた裸体を惜しげもなく披露する。観客は魅入られたように無言で踊り子を見つめ、舞台奥ではミラーボールが光を反射しながら回転している。照明と音響と、高クオリティな衣装と、そしてときに踊り子の体をキャンバスにしたプロジェクションマッピングとが一体となったそのショーは、もはやエロの領域を飛び越えた、総合芸術とでも呼びたくなるステージだ。

ステージ前方からは、〝リボンさん〟と呼ばれる常連ファンが絶妙なタイミングと角度

プロジェクションマッピングの技術も駆使したショーは圧巻！

映像とライティングの織りなすライブショーは、
ほとんどアートの領域ではあるまいか。華やかな舞台に目を奪われる。

で踊り子に向かってリボンを投げ、ショーにささやかに花を添える。エロとアートの境界を漂う異空間。それが浅草ロック座なのだ。

制作スタッフ・北村さんとの一問一答

ところで、こうしたショーを支える舞台裏は、はたしてどのような体制になっているのだろうか。制作部の北村さんに、裏方の仕事についてお話をうかがった。

――そもそも、どういった経緯で浅草ロック座で働くことになったんですか。

もともと、ほかの現場で舞台スタッフをやっていまして。むかしから演劇が好きで、仕事ではショーっぽい、2・5次元ミュージカルとかやっていたんです。ただ、単純に作品が面白くないなって(笑)。やっぱり技術はすごいんですけど、やっていることは面白くなく思えたんです。で、ストリップの方が面白いなって。僕も含めて、舞台に興味ある人ってこういう場所に興味があるんですよね、「面白いことやってるなー」と。で、いいタイミングで応募して、ここに移ったんです。

――ショーは芸術的な要素も強いですよね。

映像は頑張っている部分ですね。いろいろと試しています。ストリップと映像って相性がいいんですよ。ただ、プロジェクションマッピングにこだわっているわけではないんです。基本は、やっぱり女の子を見せることなので。映像でよくやるのは、裸に映像が出るとかですね。ここでしかできないことだと思います。

――浅草ロック座が特別なんですか。

そうだと思います。ロック座でも、ここ浅草だけ、演目を僕らが決めているんですよ。作品を決める人間がいるのはここだけですね。ほかの劇場では、女の子が自分で演目を作っているんです。衣装を作るのも、曲を用意するのも女の子が自分でやっています。

――ところで、制作スタッフの1日の流れはどうなっているのでしょう?

開演する13時にきて、終演までいるのが基本です。制作部は次の演目の内容に責任があるので、常に「次」を考えています。初日が明けると、次の演目を考え出すわけです。まずコンセプトを考えて、衣装を決めて、選曲をして、打ち合わせをします。あとはいろいろ手配したり、スケジュールを決めたり。ショーに小道具や大道具が必要だったら、深夜に舞台の上でカンカンと作っています（笑）。

物語系の演目だと、その世界を分かりやすく見せる必要があります。最近だと、『不思議の国のアリス』風なことをやったんです、ワンダーランドっていう演目で。そのときはアリスの世界を見せたくて、いろいろ作りました。アリスがいろんな出会いをする流れで、白兎に扮した踊り子がやってきたり（笑）。

――（笑）。ストリップの裏方として働く魅力は？

40日周期で作品が変わるって、すごいことだと思うんです。言い換えると、40日ごとに新しい作品を作れるということ。常に何かを作っていられる、そういう環境はほかではなかなかないですよね。創作し続けられることが面白い。あと、ほかの舞台芸術は、基本的にはスポンサーだったり文化基金だったりがついていたりするんです。つまり支援がないと制作が成り立たないわけですけど、ここはもちろん一切ありません（笑）。だから制約がない状態で、なんでもやりたいことができるんです。女の子も自分の世界を表現できる。それが、長く続けていける理由なんだろうなと思います。

ロック座では、80人近くの踊り子が在籍しており、その中の多くはAV業界で活動する女性だという。北村さんによると「むこうは撮影もハードなので、こっちで踊ってい

浅草ロック座のビルの中にある裏方エリア。通路には衣装がずらりと並んで壮観だ。

かつてはロック座の踊り子であり、現在は衣装制作を担当している寿恵さん。
専用の小部屋で数々の衣装を作っている。

るほうが楽しいしやりがいがある、という子もいます」。

とはいえ、浅草ロック座では、大勢でチームを組んで踊る〝群舞〟が主体なため、「ある程度のレベルでダンスが踊れる子が求められます」。いつかは浅草ロック座で……とあこがれを持つ子も多いそうだが、なかなかシビアな世界なのだ。

「ほかの劇場と比べると、やっぱり規模も大きいし、舞台も広いし、大きなミラーボールもありますから。それに〝移動盆〟にあこがれる子も多いです」と北村さん。ダンスは振付の講師が指導してくれるのは1日だけで、しかもすべてを公演初日前の10日間で覚えなければならない。自宅で「自習」するのはもちろん、わざわざスタジオを借りて練習する子も多いという。

こうした厳しい環境に耐えかねて、やめていく女の子も少なくない。やめる時期には2つのパターンがあるそうで、「まず、やってみてすぐにダメだとあきらめるパターン。次に、2年ぐらいやってやめちゃうパターンです。なぜかというと、踊れなくても応援してくれる『新人好き』のお客さんが、2年ぐらいで離れちゃうから。そのときにレベルがそれなりに達していないと難しい。やっぱり努力が大事ですね。努力できる子が残っていています」という。華やかな舞台の光の影には、厳しい現実が横たわっているのである。

ストリップの舞台を降りた踊り子たちは、どのような道へ進むのか。北村さんによると「基本的には関わりにならなくなる方が多いです」とのことで、大半はその後の人生を知ることはない。

ただ、ひとつの道として「スタッフに転身するパターン」があるといい、振付師や衣装係として第二のキャリアをスタートさせるケースはあるようだ。そのひとりが、かつて浅草ロック座の踊り子であり、現在は衣装の制作を担当している寿恵さん。52年前に踊り子としてスポットライトを浴びていた大ベテランで、建て直す前のロック座を知る数少ないひとりでもある。寿恵さんによると、今以上に活況だった当時は「何年も休みがなかった」ほどに忙しかったといい、日本全国を飛び回っていたそうだ。「あっちにいけ、こっちにいけって。ロック座の系列店以外にも行きましたよ。関西とか九州とか、東京を出れば1ヵ月コース。その土地の店のステージに乗ったら、次は仙台に行ったり、北海道に行ったり……」と懐かしむ。

こうした全盛期のころの劇場数を考えると、いまは10分の1以下にまで減少しているストリップ業界。北村さんによれば、特に2010年前後の時期は厳しい冬の時代だったそうだ。それでも近年はメディアの露出が増え、浅草ロック座にかぎっていえば新規の客が少しずつ増えているなど明るい材料もある。ストリップの復権が実現するかどうか、まさにいま正念場を迎えているのかもしれない。

エロと芸術の狭間で

インターネットが発達したこの時代、裸はかつてのような希少価値のあるものではなく、〝タダ〟で見られるのが当たり前となりつつある。にも関わらず、人はなぜわざわざストリップへと足を運ぶのか。「やっぱり、一番の魅力はライブ芸術、つまり〝生の芸術〟ということ。裸の人間が出ていくのではなく、目の前で服を脱いでいく、それが大事なんだろうなと思います」と北村さん。裸そのものというより、「裸になる瞬間」に価値があるというわけだ。「踊り子がいきなり裸で現れたら、それほど魅力を感じないと思います（笑）。目の前で人が脱ぐ。その瞬間に、お客さんは哀しみを感じたり、癒しを感じたり、エロを感じたりするのだと思います」。

ネットで感想を漁ってみると、「浅草ロック座のショーはあまりエロくない」という意見を目にした。たしかに、そうした傾向はあるかもしれない。エンターテインメントとしての濃度が高まれば、そのぶんエロ要素は希釈される。だが、客の中にはストリップに濃厚なエロを求める傾向があるわけで、エロと芸術性のバランスをどうとるのか、そこが難しい部分でもあるようだ。

「結局は両方を求める、ということになると思うんです」と北村さんは言う。「どっちかを捨てちゃいけない。ステージが美しいだけのものになったとき、そこに魅力を感じるかというと、ちょっと違う。やはり清濁併せ呑むというか、そこがストリップのひとつの魅力だと思っています」。

とはいえ、そうした芸術的な側面が女性客やカップルなど、本来ストリップに似合わないような客を惹きつけているのも、また事実だ。「帝国劇場にいるようなお客さんも、競馬を当ててきたようなおじちゃんも、一緒のお金を払って一緒の空間にいられる、というのは、やっぱり異空間だと思っていて。すごいですよね（笑）」。エロ目的のオヤジもいれば、ショーを楽しむ若い女の子もいる。さまざまな人種を惹きつける吸引力を持った、最古にして最先端のストリップ劇場。それがロック座という異界なのかもしれない。

おわりに

２０１８年の11月某日に、赤羽のキャバレー「ハリウッド」に行ってきた。本書でも述べたし、一部ウェブニュースなどでも取り上げられたからご存知の方も多いと思うが、日本のキャバレー文化を盛り上げた「ハリウッド」グループは同年の12月30日をもってその長い歴史に幕を閉じている。で、前々から閉店のうわさは耳にしていたので、閉店する前にせめてもう一度、その世界を身をもって体験しておこうと思ったのである。当日はうわさを聞きつけたのか、客がつめかけ満員御礼という盛況ぶり。閉店までまだひと月以上あるのに、このときすでに最終日の予約も満席ということで、改めていかにその終焉が惜しまれているのかを実感したものである。

本書ではキャバレーも含め、11の「昭和遺産」的な職業を取材してまわり、それぞれの〝いま〟をまとめている。景気のいい話もあるにはあるが、そのほとんどの分野は斜陽であり、どう好意的にみても「いけいけどんどん」というノリではない。「ハリウッド」の場合はオーナーの死去という事情があり少々異なるかもしれないが、キャバレー自体は確実にその数を減らしているし、駄菓子屋も、屋上遊園地も、ストリップ小屋も、かつてのように「あちこちにある」という状況ではない。当たり前の風景として今日、あなたの通勤途中にあったその店が、明日にはなくなっているかもしれない。いつ「惜しまれながら」最後のときを迎えることになるか、それは誰にも分からないのだ。そして、惜しむその瞬間を少しでも遅らせるためにおそらく僕らにできることは、酒を飲みに、駄菓子を買いに、観覧車に乗りに（もしくはスリリングなモノレールに乗りに）、女体と芸術が同居するショーを堪能しに、足しげく通うことだけなのである。

本書は、当初の想定よりはるかに多くの時間を必要として完成した。さまざまな人の協力を得られて、どうにかこうして形にできたことにいまはただただ安堵しています。前著同様、いつ終わるともしれない道のりを辛抱強く待ってくれた彩図社の権田さん、そして何より取材を快諾してくださった偉大なる「昭和遺産」のみなさん。「遺産」という言葉を調べてみると、「前代の人が残した業績」とあるが、この取材で会って、話を聞かせてくれた方々は「前代」どころか、いまも現場で楽しそうに、そしてパワフルに商売している人たちばかりだった。みなさんがこれからも現役でご活躍されますように。

2019年1月　河畑悠

著者紹介
河畑悠（かわはた・ゆう）
1979年生まれ。大学卒業後、業界紙記者や情報誌の編集などを経験。現在はアジアやエンタメ関連を専門にライターとして活動中。著書に『東京のディープなアジア人街』（小社刊）。

〈参考文献〉
福富太郎『昭和キャバレー秘史』（河出書房新社）
山崎征一郎『日本一サービスにうるさい街で、古すぎるキャバレーがなぜ愛され続けるのか』（ダイヤモンド社）
『キャバレー、ダンスホール20世紀の夢』（グラフィック社）
齋藤智恵子『伝説の女傑 浅草ロック座の母』（竹書房）

街角《まちかど》の昭和《しょうわ》遺産《いさん》

2019年2月21日　第1刷

著　者　　河畑悠

発行人　　山田有司

発行所　　株式会社　彩図社
東京都豊島区南大塚3-24-4
MTビル　〒170-0005
TEL：03-5985-8213　FAX：03-5985-8224

印刷所　　シナノ印刷株式会社

URL http://www.saiz.co.jp Twitter https://twitter.com/saiz_sha

ISBN978-4-8013-0355-3 C0026

9784801303553

1920026013008

ISBN978-4-8013-0355-3

C0026 ¥1300E

定価：本体１３００円＋税

彩図社